디지털 시대에
살아남는
IT 지식

디지털 시대에 살아남는
IT 지식

초판 1쇄 인쇄 | 2021년 8월 25일
초판 1쇄 발행 | 2021년 8월 30일

지 은 이 | 박성묵(TMook)
발 행 인 | 이상만
발 행 처 | 정보문화사

편 집 진 행 | 노미라

주　　　소 | 서울시 종로구 동숭길 113 (정보빌딩)
전　　　화 | (02)3673-0114
팩　　　스 | (02)3673-0260
등　　　록 | 1990년 2월 14일 1-1013호
홈 페 이 지 | www.infopub.co.kr

I　S　B　N | 978-89-5674-911-2

디지털 시대에
살아남는
IT 지식

박성묵TMook 지음

정보문화사
Information Publishing Group

IT는 우리에게 영향을 준다. 우리가 무슨 일을 하든지 어디 살든지 전공이 무엇이든지 상관없다.

사람만 사회/문화를 구성하는 것은 아니다.

당사자의 이야기

시기	필요 정보	
	시기별	공통
고등/대학교 (인문계/국문-경제학과)	입시, 과제, 시험, 학교 생활, 군대	뉴스, 생활 상식, 이벤트
소설 창작	배경/인물/사건/사고 참고 및 공모전	
금융권 취업 준비	목표 산업/기업, 채용 및 관련 자격증	
금융 자격증 취득	학습 계획, 갱신 정보	
증권사 생활	문서 양식, 법령 정보 및 업무 관련	
투자 및 사업	산업, 기업 관련 자금 흐름 및 동향	

'문돌이[1]'인 필자의 삶

---

1 문과생 또는 문과 출신을 지칭하는 별칭으로 공대생을 '공돌이'라고 부르는 것과 같다.

필자는 인문계 고등학교를 졸업 후 국문학과에 진학하며 '기술(Technology)'과 담 쌓은 학생이었다. 그냥 국문학도로 진학한 것도 아니었다. 백일장을 다니며 글을 쓰던 소설가 지망생이었다. 하지만 사람은 정보를 다루며 살고, IT를 이해하면 유용하다는 것을 깨달을 수밖에 없었다.

위 표의 [필요 정보] 부문을 보자. 각 시기에 필자가 그 기간을 보내기 위해 지속적으로 구해야만 했던 정보들이다. 요약해서 썼지만, 정말 많은 정보들을 구하며 살았다. 지원서, 숙제, 레포트(Report), 시험 답안, 소개서, 보고서, 금융 정보, 사내 정보 등 형태는 달랐지만, 정보를 구해 이런 결과물을 내야 하는 과정 속에서 정보의 필요성은 언제나 대두됐다.

결국 사람에게 필수적인 능력은 세상에 정보가 어떻게 흐르고 있는지 이해하는 것, 정보를 잘 다루는 것이라는 생각에 도달했다. 그리고 그 둘을 위해 필요한 것이 IT에 대한 이해라는 것을 알게 되었다.

차례

정보에 관한 기술

'IT', 이 약자는 흔히 말하는 문과생, 비IT직군,
비개발자에게 거부감을 준다.

당신은 속았다

당신과 관련 있는 것이 단 하나도 없는가?

일상에서 반드시 알아야 하는 정보임에도 불구하고 IT라는 영어 약자를 말하는 순간, 당신으로 하여금 자신과 전혀 상관없어 보이는 다른 세상의 단어로 느끼도록 만들어버린다.

예를 들어 '2FA, DX' 등의 영문 약자들을 보자. 보자마자 의미가 이해되지 않으면 우리들은 거리감을 느끼고 불쾌해진다. 약자를 사용하는 쪽은 명확한 의미를 신속하게 전달하기 위해서 사용하지만, 처음 접하는 사람에게 친절한 것은 아니기 때문이다. 그런데 앞선 약자들을 각각 '두 가지 요소를 확인해 본인을 인증하는 기술', '기업이 돈을 벌기 위해 목적에 맞게 각 부서를 유기적으로 연결하는 디지털 환경을 만드는 것'으로 풀어놓고 읽어 보자. 어디서 사용되는 용어인지 완벽히 이해되는 것은 아니더라도, 접근할 때 장벽이 한층 낮아진 것을 느낄 수 있다.

IT란 약자도 마찬가지다. 그러니 우선 이 약자가 만드는 장벽부터 낮출 필요가 있다.

정보기술

IT는 한국어로 '정보기술'이라는 뜻으로, 'Information Technology'의 앞
글자를 딴 약자다. 문자 그대로 정보를 다루는 기술로써 정보를 전달하거나
받아 저장하고, 저장된 정보를 찾거나 이해하기 쉽게 가공(변형 및 계산) 및
이 정보들이 어떤 의미를 갖는지 분석하는 것까지 모두 여기에 속한다.

인문학도의 삶 속에 정보를 다룰 일이 없을까?

정보를 다룬다면 관련된 기술이란 뜻이다.

이것과 관련한 컴퓨터와 그 부품 및 주변기기 같은 실물(하드웨어, Hardware)
을 만드는 기술도 정보기술이다. 컴퓨터 프로그램 및 스마트폰 애플리케이
션과 같이 정보를 보거나 다루기 쉽게 만드는 것이지만 실물이 존재하지
는 않는 것(소프트웨어, Software)과 관련된 기술도 정보기술에 속한다. 즉, 정
보를 다루는 것과 관련된 광범위한 분야를 정보기술, IT라고 한다.

뒤집어 말하면 우리가 정보를 습득하거나 다룰 때 컴퓨터와 스마트폰 같
은 기기를 이용하는 기술들이 모두 정보기술로 빚어진 것이다. 이 기기들
도 물론 정보기술이다. 또한 이와 관련해서 사용되는 모든 용어들이 '정보
기술(IT) 용어'이다. 그러니 오늘날 전자기기를 통해 정보를 주고받는 세상
의 많은 상품 및 서비스들에서 등장하는 용어는 IT 용어로 분류될 수밖에
없다.

잠시 생각해 보자. 첫째, 경제 활동, 일상 속 우리에게 영향을 주는 상품 및 서비스들 중에서 이런 방식으로 정보를 주고받는 것이 없는가? 많을 것이다. 둘째, 정보를 얻거나 편집하거나 이용하기 위해서 어떤 상품 및 서비스를 사용하고 있지는 않은가? 컴퓨터, 스마트폰 또는 그와 비슷한 전자기기와 그곳에 설치되는 프로그램-앱(애플리케이션, Application) 같은 것들 말이다. 아마 사용하고 있을 것이다. 즉, 우리들은 전공과 직무에 상관없이 정보기술에 둘러싸여 살고 있다. 나아가서는 정보기술을 이용해서 돈을 벌고 쓰는 경제 활동을 하고 있다.

'IT'라는 용어가 낯설어 우리들과 관련성이 낮다고 생각할 수 있다. 그러므로 이 책에서는 IT 대신 정보기술이라 부를 것이다. 조금이나마 거리감을 좁히기 위해서다.

정보기술의 발전

컴퓨터의 성능과 그것을 다루는 기술이 급격히 좋아졌다. 이 책을 읽는 독자들은 개인 컴퓨터(PC)를 앞에 두고 학습 및 업무를 하는 것이 대부분 익숙할 것이다. 심지어는 한 군데에 설치하는 형태의 개인 컴퓨터 뿐만 아니라 들고 다닐 정도의 노트북[2]도 학습 및 업무에서 영상을 보거나 높은 성능을 요구하는 이미지, 영상 편집 프로그램까지 작동시킬 수 있을 정도로 발전했다.

여기서 성능이 좋아졌다는 말은 동일한 부피 대비 갖추고 있는 성능이 과거보다 월등히 좋아졌다는 의미도 된다. 컴퓨터 부품을 더욱 작게 만드는 소형화를 통해서 과거에는 가로 세로 5센티미터짜리 부품이 가질 수 있던 성능을 이제는 가로 세로 0.5센티미터짜리 부품이 갖기도 한다.

비단 컴퓨터만의 이야기일까? 컴퓨터를 삽입해서 컴퓨터 역할을 할 수 있는 다른 상품들을 만들지는 않을까? 기존에 없었다면 새롭게 등장하지는 않을까? 컴퓨터 부품이 작아질 수 있다면, 컴퓨터를 더 많은 제품에 집어넣을 수 있게 되지 않을까?

실제로 집어넣기 시작했다.

또한 그 작아진 컴퓨터의 성능도 계속해서 좋아졌다. 예를 들어 단순 덧셈과 뺄셈만 가능한 수준의 작은 컴퓨터라면 어떤 제품에 컴퓨터를 삽입하더라도 큰 의미가 없기 때문에 굳이 삽입하려고 하지 않을 것이다. 그런데 만약 그 컴퓨터가 과거보다 저렴하면서 높은 수준의 기능을 구현할 수 있다면 어떨까. 인터넷 연결도 되고, 인공지능의 역할도 할 수 있다면 말이다.

----

2 랩톱 컴퓨터(Laptop Computer)라고도 한다.

당연히 제품에 컴퓨터를 삽입하고 제품이 고객에게 제공해줄 수 있는 서비스를 늘릴 것이다.

결과적으로 정보기술을 사용하는 제품들의 폭이, 우리가 인지하지 못하는 사이 엄청나게 늘어났다. 이제 정보기술을 제외하고 삶을 100% 이해하기는 어렵다. 실제 우리의 삶이 어떻든 언제나 정보기술의 영향권 안이다.

정보를 다루는 기기의 종류 자체가 증가했다.

디지털 시대에 살아남는 IT 지식

정보기술 용어

정보기술 용어에 대해 안다면 당신은 생활 주변에서 벌어지고 있는 수많은 일들을 훨씬 잘 이해할 수 있다. 그리고 용어에 해당하는 기술을 직접 언급 및 활용하거나 응용할 수 있다. 학업, 업무상 또는 취미로라도 말이다.

둘 이상의 사람이 모인 곳이 정보를 활용하는 기술과 관련이 없을 수 있을까?

첫 번째로 팀, 조직, 사회가 최근 어떤 구조가 되었거나 되고자 하는지 파악할 수 있다. 트렌드(Trend) 파악에 용이하다는 말이다. 정보기술 용어를 아는 것만으로 왜 그렇게 될까?

과거 인류가 동굴과 같은 자연 그대로의 집을 이용하다가, 움막집[3]이 등장한 경우를 생각해 보자. 움막집의 존재는 주어진 자연적 주거지 외에도 인류가 주거지를 형성할 수 있게 된 것을 뜻한다.

---

3   '움집, 막집'이라고도 한다. 땅을 파고 주위 재료를 모아 지붕을 만드는 것으로 시작된 초기 집이다. 이후 지상에 벽을 세운 후 지붕을 덮기도 했다.

자신이 움막집을 당장 지어볼 수는 없더라도 움막집이 무엇이고, 인류가 어떤 영향을 받았는지 이해하는 것으로 우리의 삶이 어떻게 변했고 변할 지 알 수 있다.

최근 비약적으로 발전한 정보기술은 이 움막집처럼 사회에 등장해 적용 되고 있는 것과 다름없다. 적용된 기술이 무슨 일을 일으킨 것인지 안다는 것은 우리의 삶이 어떻게 변해왔고, 어떻게 변할 것인지 아는 가능성을 열 어준다.

알아야   떠올린다

절대 불가능할거라 생각한다면, 당신은 그만큼 손해본다.

두 번째로, 우리들이 사용할 수 있는 기술에 대해 다양한 가능성을 고려 하게 된다. 나와는 관련 없다고 생각했지만, 당장의 내 삶을 개선할 수도 있는 기술을 놓치고 지나가는 것을 막아준다.

학생이나 사회인이라면, 과제나 업무를 하고 문서, 이메일 또는 메신저 로 제출 및 보고하는 구조에서 벗어날 수 없다. 예를 들어 외부에서 읽을만 한 정보를 구한 다음, 내 컴퓨터의 폴더에 어떻게 저장해둘 것인지 생각한 다. 그리고 읽고, 보기 좋은 보고서 또는 레포트 형태로 편집해서 최종 결 과물을 만든다. 여기서 최종본의 기준이 되는 것은 교수님이나 상사의 의 견이다.

         디지털 시대에 살아남는 IT 지식

이 과정에서 여러 정보기술 용어를 이해하고 있다면, 일련의 과정 중에 도움되는 어떤 정보기술을 직접 활용할 가능성이 열린다. 예를 들어 이 책에서 다루게 될 '오픈 API'에 대해 알고 있었다면, 보고서 제출용 자료 수집에서 애먹는 것을 줄일 수 있다는 말이다.

종합하자면, 이 세상은 사람 간의 관계를 기본으로 한다. 또한 사회를 구성하는 다양한 조직과 모임은 사람과 사람 간에 정보를 주고받는 일이 기초가 된다. 결론적으로 그 정보를 다루는 최신의 정보기술 용어들을 이해하고 있는 것은 팀, 조직, 사회가 최근 어떤 구조가 되었거나 되고자 하는지 파악하는 길이 되며, 동시에 다른 사람과의 관계가 현재 어떻게 이루어지고 있는지 파악하는 길이 된다.

기술도 사회문화를 구성하는 한 요소다.

돈에 관한 정보

정보기술은 사람이 돈을 다루는 방법에 영향을 미친다. 은행에 돈을 맡기거나, 증권사를 통해 투자를 진행했거나, 보험사를 통해 보험에 가입했다면 해당 금융사에 찾아가서 돈과 금융상품을 관리해야 했다. 정보기술이 상당히 발전하는 동안에도 단순 업무를 제외하면 필수적으로 직접 방문이 필요했다. 그러나 이제 계좌를 만드는 것부터 금융상품을 다루는 것을 넘어 자산 관리를 하는 것까지 스마트폰 안에서 가능하게 되었다. 돈을 다루는 행동 양식이 바뀐 것이다.

관점을 달리 하면 돈을 다루는 사람들에게도 영향을 미쳤다. 앞서 언급한 금융사들도, 돈과 관련 있는 기업들도 업무 구조가 영향을 받았다. 나아가 중앙은행, 국가도 영향을 받는 대상에 포함된다.

핀테크와 테크핀(Fin-tech and Tech-fin)

'다양한 금융 거래와 관리가 금융사가 아닌 곳에서도 된다고?', '이 회사가 금융사 역할도 한다고?' 모두 그렇게 되기 시작했다.

핀테크는 스마트폰으로 이것들을 모두 가능케 했다.

정보기술의 발전은 컴퓨터뿐 아니라 스마트폰만으로도 다양한 금전 관리를 가능하게 만들었다. 달리 말하면 정보기술의 발전은 과거에 두 눈으로 보지 않고는 불안했기에 할 수 없었던 것도 가능하게 만들었다. 그만큼 사람의 서비스 응대 필요성이 줄어들었다.

또다른 중요한 영향은 금융산업의 주도권이 위협받을 가능성을 만들었다는 점이었다. 기존 금융사는 아니지만, 정보기술을 잘 다루는 정보기술 기업이 정보기술의 발달로 금융이란 전문 영역을 넘볼 수 있게 되었기 때문이다.

핀테크(Fin-tech)는 금융(Finance)과 기술(Technology)에서 각각 앞 글자를 떼어서 만든 합성어다. 금융사에서 제공하는 다양한 서비스 및 그것과 관련된 다양한 곳에서 새로운 정보기술이 도입되어 금융 서비스들이 더욱 업그레이드(Upgrade)되는 바탕이 되는 것이 핀테크, 핀테크 기술이라고 할 수 있다.

예를 들어 비대면 계좌 개설 서비스 같은 것이 있다. 은행, 증권사 지점에 직접 방문하지 않고도 다양한 계좌 개설과 같은 서비스가 가능해진 것이다.

본인 실물 확인을 스마트폰으로도 할 수 있게 되었다.

'계좌'라는 것만 있으면 여러 가지 금융경제 활동이 가능해지기 때문에, 엄정한 절차를 거쳤다. 하지만 차후 설명할 멀티팩터 인증을 포함해 기술이 발전하면서 스마트폰만으로도 상대의 신분을 믿는 것이 가능해졌다.

이렇듯 핀테크는 금융 분야에서 많은 서비스와 시스템들을 개선했고, 개선된 것들 자체를 의미하기도 했다. 그렇다면 테크핀은 무엇일까? 테크핀은 핀테크를 뒤집어 놓은 형태로만 보인다. 이것이 핵심이다.

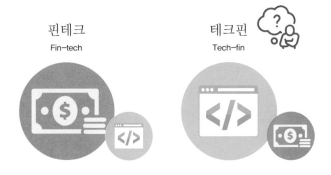

작은 차이지만, 그 차이가 의미하는 바는 분명 있다.

기술과 금융의 합성어이지만, 무엇이 중심이 되어서 새로운 상품 및 서비스를 내놓는가에 따라 다른 순서로 합성되었다. 즉, 기술이 중심이 되어서 금융 서비스를 해내는 것은 핀테크보다 테크핀으로 표현하기 시작했다.

예를 들어 인공지능 기술을 개발하고 판매하기 위한 기업이 있다. 이 기업은 계속해서 기술을 발전시키던 중, 보유한 인공지능 기술과 그 기술을 발전시키기 위해 터득한 기술적인 경험들을 활용해 인공지능 금융투자 서비스를 직접 만들고 서비스하는 기업이 될 수 있다. 금융회사에게 인공지능 기술을 제공하는 형태가 아니고 자신들이 직접 말이다.

보다 직관적으로 이해해보자면 금융업으로 출발하지 않은 회사, 정보기술 관련 회사로 출발한 기업이 기술을 발전시키다 금융과 관련된 서비스를 내놓기 시작했다면, 테크핀이란 용어를 활용해 표현하게 됐다. 반드시 그런 것은 아니지만 기술 중심임을 잘 보여준다.

이는 정보기술 발전과 함께 두드러지는 두 가지 사회 변화를 보여준다.

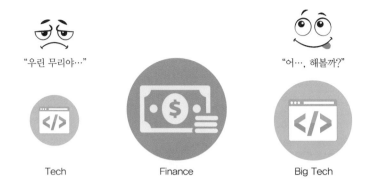

기술이 있으면 시도해볼 만한 분야가 되었다.

첫째로 이제 고품질의 금융 서비스를 내놓는 것은 금융 분야에서만 이루어지는 것이 아니다. 금융회사로서 긴 시간동안 쌓아온 경험이 반드시 고품질의 금융 서비스로 연결된다고 볼 수 없게 되었다는 뜻이다. 물론 금융 분야 업력에 기인한 경험은 중요하다. 그러나 보유한 정보기술을 높은 수준으로 발전시킨 기업이 기술력으로 그것을 일부 상쇄하며 고객들이 좋다고 느끼는 서비스를 이전보다 나은 수준으로 내놓기 시작했다.

모든 정보기술 기업이 당장 다른 산업으로 진출할 수 있는 것은 물론 아니다. 주로 정보기술 분야에서 성공적으로 자리잡고 기술과 자본 모두 일정 수준 이상인 빅테크(Big Tech)라 불리는 기업들이 금융 분야로의 진출을 많이 시도했다. 금융 분야는 다른 분야에 비해 기본적으로 전산화가 많이 이루어졌기 때문에 가능했다. 결제, 입출금, 이체, 투자상품 매매 및 관련된 모든 정보들이 대부분 컴퓨터 정보로 저장되어 있었다. 따라서 기술과 자본이 충분한 정보기술 기업은 그 정보를 이용해서 정보를 분석하는 노하우와 기술력을 발휘했고 기존에 없었던 서비스를 내놓을 수 있었던 것이다.

물론 금융시장은 한국 기준으로는 '자본시장법[4]'의 영향을 받는다. 그래서 금융업 외부에서 서비스를 만들더라도 금융업의 일을 하는 것은 엄격하게 동일 규제를 받는다.

"같이 씁시다?"

Finance   금융 정보   Big Tech

'정보'라는 자원도 공유되기 시작했다.

두 번째는 정보의 공개에 대한 시대적 요구가 강화되었다는 점이다. 본래 금융회사 이외에 금융서비스를 내놓지 못한 이유 중 하나는 한 회사가 가지고 있는 정보는 그 회사의 것이기 때문이었다. 달리 말해 다른 회사가 기술적으로 좋은 서비스를 만들더라도, 그 서비스를 실제로 제공하는 데 금융회사가 가지고 있는 고객의 자산 정보 같은 것이 필요하다면 소용이 없었다.

그런데 정보기술에서 정보가 중요한 자원이며, 이것을 되도록 누구나 활용할 수 있어야 정보기술과 정보기술 기업이 성장할 수 있다는 사실을 세계가 알게 되었다. 그러자 세계는 이런 정보들을 공개하도록 만들기 시작했다. 여기서 '공개'는 만인이 다 볼 수 있게 공개한다는 뜻이 아니다. 적절하고 적법한 절차를 거쳐서 그 정보를 개인정보 보호와 보안 문제 없이 활용할 수 있는 회사들이 사용할 수 있는 상태로 만든다는 뜻이다. 즉, 테크핀의 등장과 성장에서 '기술발전을 위한 정보 공유 확대'라는 사회 변화도 읽을 수 있다. 자세한 이야기는 곧 이어지는 '오픈뱅킹(Open-banking)'에서 다룬다.

4 『자본시장과 금융투자업에 관한 법률』의 약칭

■ 모든 산업이 대상

핵심은 정보기술 관련 기술력을 갖추고 있는 기업이 다른 산업의 일에 보조하는 것만이 아니라 주도하기 시작했다는 점이다.

다른 전문 분야에 대한 지식이 전무하더라도 정보기술 기업이면 성공한다는 꿈 같은 이야기를 하는 것은 아니다. 특정 분야로 진출하려고 한다면 해당 전문 분야(테크핀의 경우 금융 분야)의 인재를 채용하고 협력 회사를 구하는 등의 기본적인 노력을 할 것이다. 이제는 그 정도의 기본적인 노력이 뒷받침된다면 정보기술의 발전으로 다른 산업을 넘볼 수도 있게 되었다.

반대로 정보기술의 가능성이 널리 알려지면서, 평소에는 정보기술의 도입을 크게 생각하지 않던 산업에서 정보기술을 받아들이고 정보기술 기업과의 협력을 꾀하는 것도 중요한 핵심 변화이다. 자신들이 정보기술을 새롭게 연구하는 시간과 비용을 들일 수도 있고, 충분히 도움이 될 것이라 기대되는 정보기술 기업과 협력을 통해서 자신들의 사업을 발전시킬 수 있게 되었기 때문이다.

테크 + ?

Tech + ?

정보기술의 도입이 '어디든 도움될 수도 있다'는 인식으로 확대되었다.

이런 과정을 통해서, 정보기술 기술력을 갖춘 기업이 진출할 수 있는 것은 금융업만의 이야기일까? 그렇지 않다. 이미 핀테크에 이어서 많은 산업에서 정보기술을 깊이 받아들이는 모습이 나타나고 있다.

이는 새로운 용어의 등장으로 계속해서 확인할 수 있다.

교육 분야에 정보기술을 융합해 발전을 꾀하는 에듀테크(Edu-tech), 농업 생산에 정보기술을 접해 생산성 증진과 환경 변화에 대응하기도 하는 애그테크(Ag-tech)가 있다.[5]

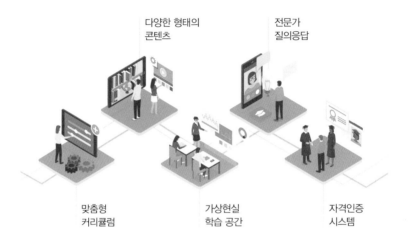

다양한 형태의
콘텐츠

전문가
질의응답

맞춤형
커리큘럼

가상현실
학습 공간

자격인증
시스템

교육과 기술의 만남, 에듀테크(Edu-tech)

위 그림을 통해서 알 수 있듯이, 해당 산업에서 수집한 사용자의 정보를 토대로 많은 일들을 효율적으로 만들거나, 경험할 수 없었던 경험을 사용자에게 주는 등 정보기술을 통한 산업발전을 다양한 산업에서 꾀하고 있는 것을 알 수 있다.

5 에듀테크(Edu-tech)는 교육(Education)과 기술(Technology)의 합성어이며, 애그테크(Ag-tech)는
   농업(Agriculture)과 기술(Technology)의 합성어다.

오픈뱅킹(Open-banking)

영향

"한 곳에서 다 돼요."   "정말요?"

어떻게 한 곳에서 다 될 수 있게 되었을까?

오픈뱅킹으로 인해 이곳저곳에 개설한 은행 계좌, 가입한 금융상품 등의 내 자산 정보를 한 곳에 모아 이용할 수 있게 되었다. 반대로 기업 입장에서는 고객의 정보를 오롯이 자신들의 자산인 것처럼 운영하는 것이 불가능해졌다. 개인의 금융 정보에 대한 권리가 영향을 받은 것이다.

자세히 알아보기

2019년 10월 한국에서 새로운 산업이 시작되었다. '오픈뱅킹'을 쉽게 이해하자면 다음과 같다. 사람들이 가장 자주 이용하는 은행 서비스에서 보관하고 있는 나의 예금, 이체, 자동결제 정보를 내가 원하면 다른 서비스에서 보거나 관리할 수 있도록 은행 서비스의 정보가 열렸다는 느낌의 용어다.

여기서 그치지 않고 은행 내 정보뿐 아니라 증권, 보험 및 지급결제 서비스 같은 금융 산업 내 전 분야에서 이용되는 나의 정보도 해당된다.

나의 금융 정보란 특정 기업의 소유가 아니므로, 고객인 내가 원한다면 어떤 서비스에서든 이 정보를 이용할 수 있게 열렸다.

2019년 10월 이전으로 잠시 돌아가 본다. A은행에 예금 계좌를 만들고 인터넷 뱅킹을 사용하기 위해 회원가입을 하는 경우를 떠올려 보자. A은행을 이용하다가 예금이자가 높거나, 대출이자가 낮다는 이유로 B은행을 이용하려고 할 때 불편한 점은 무엇이었을까?

실제로 금융 자산을 종합하려면 시간을 포함한 비용이 든다.

B은행으로 돈을 옮겨서 한 곳에서 관리하려면, 옮기는 과정에서 비용이 들어간다는 점이다. 이체수수료도 그렇고 나의 시간도 역시 비용이다. 또한 각종 이벤트가 있거나, 원하는 금융상품이 특정 금융사에서만 제공되는 등 매번 한 곳으로 자산을 모두 옮기기보다는 일부만 옮겨가며 혜택을 봐야 할 때도 있다. 자연스럽게 자산이 조각조각 퍼지게 된다.

그렇다면 계좌를 개설한 금융사 모두를 이용하려면 관리하는 난이도가 높아진다. A은행과 B은행 모두에 돈을 맡기거나 대출 서비스를 이용한다면 말이다. 어떤 예금 계좌에 월세 자동납부 서비스가 걸려있는지 헷갈리기 시작한다. 카드결제는 A은행에 되어 있고 월급은 B은행에서 들어오는데, 심지어 단 두 은행만의 문제가 아닐 수도 있다.

디지털 시대에 살아남는 IT 지식

이벤트 때문에 가입해 놓은 C증권사에 잔고가 남아있는데 잊어버리기도 한다.

이 모든 불편함의 핵심적인 문제는 A은행, B은행, C증권사 간에 정보가 전달되지 않아 통합하여 볼 수도, 이용할 수도 없다는 점이다. A은행 웹사이트 또는 스마트폰 애플리케이션에서는 A은행의 계좌와 잔고만 볼 수 있다. C증권사도 마찬가지다. C증권사의 예탁금과 주식, 채권만 볼 수 있다. 당연히 서로 다른 증권사끼리의 정보를 통합해서 볼 수 있는 것도 아니었다.

하물며 은행, 증권, 보험 그 외 지급결제 서비스의 산업 간 정보가 통합된다는 것은 꿈꿀 수도 없는 일이었다. 왜 그랬을까?

개인의 활동 정보는 마음대로 이전해서 사용할 수 있는 것이 아니었다.

예를 들어 어떤 사업가가 자신의 이름, 주민등록번호(개인식별번호)로 가입된 금융 정보를 모든 금융사로부터 찾아서 종합해주는 서비스를 만들겠다고 생각한다고 하자. 멋진 아이디어이고 이 책이 출판된 시점에는 당연시 되는 아이디어지만, 2019년 이전에 이 사업가의 번뜩임은 실무 단계에서 불가능한 사업 아이템에 가까웠다. 이유는 간단하다. 금융회사들이 이 정보를 제공해줄 이유가 없었다.

금융회사들이 보유하고 있는 고객의 자산 및 관련 정보는 금융회사 소유의 정보였다. 따라서 그 어떤 이득도 없는 행동에 정보를 보내주는 것이 된다.[6] 또한 회사가 정보를 다른 곳에 전달하는 행위에는 비용도 발생한다.

전 과정 구축 및 관리

모두 비용이다.

쉽게 말해, 다른 곳에서 A은행에 정보를 요청하면 첫째로 A은행의 컴퓨터가 요청을 받고, 둘째로 요청한 정보를 찾고, 셋째로 전달 가능한 형식으로 정보를 바꿔주고, 넷째로 정보를 회신해야 한다. 마지막으로 이 과정을 모두 기업 내부적으로 새로 구축해야 한다.

또한 해당 담당자와 컴퓨터가 그 일을 하는 만큼 다른 일을 못하게 된다. 기업 입장에서 기회비용[7]까지 있다. 인력과 장비를 추가로 들인다면 비용 증가는 말할 것도 없다.

종합하자면 정보 공유를 특별히 해줘야 할 의무도 없는 상황에서, 정보를 전달하는 과정마저 비용과 난이도가 존재했다. 그렇게 이용자들의 불편함은 개선되지 않은 채로 시간이 흘렀다.

2019년 10월 '오픈뱅킹'을 국가 차원에서 시범 실시하고 나서야, 이런

6　이런 인식 개선이 이루어지는 모습은 이 책 '마이 데이터' 부분에서 자세히 다룬다.
7　여러 가지 선택지 중에서 하나를 선택했을 때, 포기한 다른 선택지 중에서 가장 큰 가치를 가진 것을 말한다. 예를 들어 10,000원을 버는 일과 15,000원을 버는 일, 친구와 노는 것 중에서 친구와 노는 것을 택했다면 기회비용은 15,000원이 된다(기회비용을 생각하고 판단한 것이라면, 친구와 노는 것이 그보다 높은 가치를 지닌다고 판단했다고 볼 수 있다).

종합 정보 조회 및 관리 서비스들이 등장할 수 있게 되었다. 이후 같은 해 12월 오픈뱅킹을 전면 시행했다. 약 6개월 뒤인 2020년 5월 기준으로도 한국 경제 활동 인구 대부분인 72%(2,821만 명 중 중복 집계 제외 2,032만 명 가입)가 오픈뱅킹 서비스에 가입한 것[8]을 보면, 얼마나 기다려왔던 편의 서비스인지 알 수 있다.

■ 오픈뱅킹 시스템

오픈뱅킹 실시는 실무적으로 다음과 같은 의의가 있다. 대량의 금융 정보 중에서 필요한 정보를 금융회사 또는 허가 받은 서비스 간에 주고받을 수 있도록 하고, 정보기술을 활용해서 언제 어디서든 고객이 요청하면 고객과 관련된 정보가 전달되도록 시스템을 만드는 일을 해낸 것이다.

예를 들어 2019년 10월 오픈뱅킹 서비스에 최초 참여한 곳은 18개 은행을 포함한 47개 업체였다. 이들이 '참여했다'는 건 무슨 의미일까?

정보 송수신을 통일되게 관리해주는 시스템이 필요하다.

첫 번째로 본래라면 금융 정보를 받아오려는 서비스가 개별 금융사와 제휴를 맺는 형태로 사업을 해야 한다.

---

8 「오픈뱅킹 도입 6개월 만에 2,000만 명 가입, 8월 '마이 데이터' 도입 땐 금융권 경쟁 본격화」 매일경제, 2020. 7. 29

이것부터 난이도가 높아진다고 할 수 있다. 그러나 통합 시스템에 금융 회사 및 서비스가 참여해 있고, 외부 서비스는 이 통합 시스템에 가입하면 이를 통해서 한 번에 정보를 요청하고 받는 것이 가능하게 된다. 이렇게 되면 금융 정보를 구하기 쉬워지므로, 이를 활용한 다양한 서비스가 쉽게 등장할 수 있다.

참고로 오픈뱅킹을 통해서 은행 것이 아닌 외부 서비스가 은행에게 결제까지 요청할 수도 있다. 즉, 은행 웹사이트 또는 애플리케이션을 통하지 않고도 해당 서비스에서 직접 내 계좌에서 이체를 진행할 수 있도록 요청 가능하게 만든 것이다. 은행 서비스로 이동해서 이체 작업을 진행하는 것보다 훨씬 간편하다.

두 번째로 표준적인 정보 형태와 양식 사용에 동의했다는 뜻이다. 정보 형태와 양식의 통합이다. 앞서 말한 것처럼 이들끼리 정보를 주고 받을 때 매번 자사 직원이 정보를 정리해서 메일로 회신하는 형식으로 업무가 진행될 수는 없다. 각 금융사는 자동으로 정보를 송수신하는 컴퓨터 장비를 두고, 이 컴퓨터 장비가 정보를 요청받으면 그에 맞는 정보를 보내주는 자동화된 시스템을 두어야 한다. 이때 정보를 요청하는 양식, 보내주는 정보의 형태와 양식을 일치시켜준다. 주고받는 정보가 통일된 형태와 양식을 갖추게 되면, 컴퓨터가 정보를 다루는 데 문제가 생기지 않는다. 그러면 컴퓨터가 자동으로 정보 요청과 회신을 모두 신속하게 처리할 수 있게 되는 것이다.

2019년 2월 '금융결제 인프라 혁신 방안'[9]은 이 두 가지를 통해서 금융 결제 시스템 내의 정보와 기능을 다른 기업들도 활용할 수 있도록 개방하는 혁신이 진행되도록 한 것이었다. 은행을 포함한 관련된 기업들은 이 시스템에 참여한 것이다.

---

9 「핀테크 및 금융플랫폼 활성화를 위한 금융결제 인프라 혁신 방안」 관계부처 합동, 2019

이 시스템을 공동 결제 시스템으로도 불렀는데, 가입된 모두에게 공동으로 사용하도록 정보가 개방된다는 의미에서 '오픈-'이 붙은 오픈뱅킹 시스템도 같은 의미로 볼 수 있다.

요청 기준 및 양식 확인되면   모두 이용 및 수신 가능

앞으로의 사회에서 자주 듣게 될 접두어 '오픈'

앞으로 등장하는 대중적인 정보기술 용어에서 '오픈-'은 대부분 '개방형'이란 의미로 쓰이는데, 서로 다른 기업과 부서가 정보를 주고받는 실무적인 부분에서 등장하는 '오픈 API'도 그렇다. 이는 이 책의 '오픈 API'에서 자세히 알아볼 것이다.

■ 오픈뱅킹 전쟁

오픈뱅킹 가입자가 급속도로 늘어나게 된 배경에는 사실 한 가지 이유가 더 있다. 고객들이 오픈뱅킹을 활용하도록 독려할 필요가 기업들에게 있었기 때문이다. 고객들이 자신들의 서비스 내에서 오픈뱅킹 시스템을 이용하도록 만들어야 했다.

오픈뱅킹의 특징은 기업이 가지고 있는 고객의 정보가 다른 기업에게 전달되기 쉽게 만들었다는 점이다. 즉, 기업 입장에서는 고객을 뺏기기가 쉬워졌다.

정보 주다가 고객도 준다?
그럼 우리도 정보 쓰고 고객도 받자.

좋아, 같은 정보를 쓴다면 서비스 질을
높여서 승부해보자!

다룰 수 있는 정보는 공통이므로 금융회사들은 경쟁하게 된다.

반대로 말하면 자사 서비스 내에서 다른 금융사의 자산 정보를 보거나 분석하는 것이 고객 입장에서 훨씬 좋기만 하다면, 타사 서비스에 접속하는 시간보다 자사 서비스에 접속하는 시간을 더 늘릴 수도 있다. 이를 통해 당장 고객이 이동해오지는 않더라도, 그럴 가능성을 충분히 높일 수 있다는 결론이 나온다.

자신들의 서비스를 이용하는 시간이 다른 서비스에 비해 높다는 사실은, 단순히 고객의 이전에만 도움이 되는 것이 아니다. 서비스 내에서 노출시킬 수 있는 광고의 효과가 높아지며, 자사 이벤트만이 아니라 다른 회사와 협상하는 데도 힘을 얻게 된다. 또한 광고를 삽입해주는 대가로 받을 수 있는 금액도 커져 더 많은 돈을 벌 기회도 생긴다.

기존 고객들의 자산 정보를 활용해 특별한 서비스를 시각적으로 제공하지 않던 기업들에게는 우려가, 기존 고객은 적지만 정보를 분석하여 자동화된 자산 관리나 조언 또는 알림을 제공하는 기업에게는 기회의 땅이 된 것이다.

"정보 차이 떼고
서비스 질로 승부 가능!"

Finance　　　　　금융 정보　　　　　Fin-tech/Tech-fin

오픈뱅킹을 통해 핀테크/테크핀 기업이 급성장했다.

핀테크 또는 테크핀 기업의 서비스 신장 속도가 무섭게 높아지기 시작한 것도 이 시점부터일 수밖에 없었다. 정보기술 역량 있는 기업들이 적극적으로 나설 수 있었으니 말이다. 정보라는 자원이 부족하면 새로운 도전을 하기 어려웠던 기존 실정의 변화를 보여주는 사례 중 하나가 바로 오픈뱅킹이다.

기업의 경쟁은 제품 및 서비스의 가격 경쟁과 질적 향상을 가져오므로, 오픈뱅킹으로 벌어진 전쟁은 소비자들에게는 좋은 일이라고 볼 수 있다.

■ 오픈페이(Open-pay)

금융권에서 쥐고 있는 정보가 개방되어 다양한 가능성이 열린 사례가 오픈뱅킹 뿐일까? 물론 그렇지 않다. 앞서 핀테크 또는 테크핀에서도 이야기했듯이 크고 작은 부분에서 정보기술이 접목되어 편의성을 제공하는 서비스들은 이미 많이 등장했다. 오픈뱅킹과 가장 흡사한 용어라면 '오픈페이'를 꼽을 수 있다.

오픈뱅킹과 오픈페이를 연이어 살펴보는 것으로 '오픈(Open)-'이 붙는 다른 경우에도 그것이 갖는 의미와 산업계 내의 예상되는 변화에 대해 감을 잡을 수 있다.

오픈뱅킹은 쉽게 말해 은행 서비스에 접속하지 않고도 다른 서비스를 통해서 그 은행에 남은 정보와 은행이 제공하는 기능을 쓸 수 있게 '공개'해 줬다. 정보 조회와 기능 사용을 편리하게 요청할 수 있도록 가상의 창구를 은행에서 구축하기 때문이다. 즉, 정보와 기능을 누구나 이용할 수 있는 공개 상태로 만들어준 것이다.

그렇다면 오픈페이(Open-pay)는 무엇을 공개해서, 보다 자유롭게 어떤 기능을 사용하도록 만들어준 것일까?

오픈페이는 2021년 5월 본격적으로 회자되기 시작[10]했는데, 이 용어가 등장한 곳은 바로 카드 산업이다. 체크카드, 신용카드 등을 만드는 바로 그 카드 회사다. 이 카드 회사들이 공개 상태로 바꾸려고 시도한 부분은 카드를 통한 결제 기능이다.

카드 회사 A의 결제 애플리케이션에서 카드 회사 B의 카드도 사용할 수 있다.

이를 통해서 우리는 결제 애플리케이션에 다른 회사의 카드를 등록하고 결제까지 자유롭게 할 수 있게 되었다. 오픈페이에 참여한 카드 회사들의 모든 카드는 이렇게 이용할 수 있다. 예를 들어 결제 애플리케이션 A페이에서는 A회사의 카드만 등록해서 결제용으로 사용할 수 있었다. 그러나 오픈페이가 도입된다면 A페이에서도 B, C, D회사의 카드가 등록 및 사용 가능해진다.

10 「앱 하나면 모든 카드 결제…'오픈페이' 열린다」 해럴드경제, 2021. 5. 11

■ 오픈페이와 핀테크 또는 테크핀

오픈페이는 오픈뱅킹과는 출발점에서 차이점이 하나 있다. 이들은 오픈뱅킹과 달리 국가에서 추진하는 사업의 일환으로 시작하지 않았다. 카드 회사들 스스로 서로의 카드가 서로의 애플리케이션에서 사용 가능하도록 협의했다.

핀테크 기업들이 내놓은 다양한 결제 애플리케이션에 대항하기 위해서였다. 사람들은 '페이(Pay)'라는 단어가 붙은 애플리케이션을 카드 회사들이 내놓기 이전부터 보아왔다.

모바일 간편결제는 카드라는 매체가 없어져도 결제할 수 있는 수단으로 등장했다.

현금 또는 카드를 꺼낼 필요 없이 스마트폰을 통해서 결제할 수 있도록 해주는 애플리케이션을 말이다. 일명 '간편결제'다. 초창기에는 애플리케이션이 구동될 때까지 시간도 필요하고, 스마트폰 화면을 켜는 것도 수초의 시간은 들어가다 보니 많이 애용하지 않았지만 점차적으로 빨라지고 서비스가 개선되며 자리잡기 시작했다.

한국에서의 간편결제 서비스는 카드를 등록해서 결과적으로 카드 결제를 이용하는 방식이 대중적이었다. 하지만 만약 카드를 통하지 않고, 간편결제를 통해 결제된 돈을 은행 계좌에서 직접 빠져나가도록 만들면? '카드를 꺼낼 필요가 없게' 만드는 것을 넘어 '카드는 필요 없는 구조'가 된다.

사람들이 물건을 살 때 카드를 사용할 필요가 없어지면, 사실상 카드는 시장의 큰 부분을 빼앗기게 된다.

한국은행에서 발표한 자료들에 따르면 2020년 간편결제 하루 평균 이용금액은 2019년보다 41.6% 증가[11]했지만, 신용카드 사용금액은 0.3% 줄었다.[12] 비율(%)만 놓고 보면 카드 회사가 위협받을 수준인지 모를 수 있다. 금액으로 보자. 간편결제 하루 평균 이용금액은 4,492억 원이 증가했고, 신용카드 사용금액은 1조 9,610억 원이 줄었다. 신용카드 결제금액의 경우 2004년 이후 16년 만에 처음으로 줄어든 수치다.

이에 더해서 한국은행의 같은 자료[13]에서 밝힌 바에 따르면, '결제 형태별로는 실물 카드보다 모바일 기기 등을 통한 결제가 늘어나는 가운데 비대면 결제가 확대' 중이었다. 2020년은 코로나 바이러스로 인해서 만남(대면) 보다는 만나지 않는(비대면) 상황에서의 결제가 늘어날 수밖에 없었다.

이는 카드가 아닌 결제 수단을 경험할 기회가 될 수도 있다. 또한 모바일 기기 등을 통한 결제 증가가 언급되어 있다. 간편결제에서 편의성을 느낀다면, 향후 은행 계좌에서 직접 결제되도록 만든 간편결제를 사용하면서 카드는 필요하지 않게 된다. 카드 회사 입장에서 위험 상황으로 볼 수 있다.

기존에 결제 시장을 모두 잡고 있던 카드 회사가 급격하게 성장하는 핀테크 회사의 간편결제 서비스에 안방을 위협받는 것이다. 즉, 사람들이 스마트폰으로 결제하는 것이 카드와 다를 것 없거나, 카드보다 더 간편하다고 느낀다면 카드는 앞으로 더욱 입지가 좁아질 가능성이 있다고 할 수 있다.

---

11 「2020년중 전자지급서비스 이용 현황」, 한국은행, 2021. 3. 29
12 「2020년중 국내 지급결제동향」, 한국은행, 2021. 3. 16
13 상동

사용자들이 적응하기 시작한 결제 방식에 대응하기 위한 오픈페이

2021년 5월의 오픈페이에 대한 카드 회사 간 협력은, 결과적으로 정보 기술의 발달로 등장한 신기술이 기존 산업을 위협하는 것을 보고 선제적이자 자발적으로 이루어진 것이다.

■ 실현가능성 높은 미래 정보기술을 보는 법

짤막하게 알아두면 재미있는 부분이 하나 더 있다. 새로운 기술은 등장하고 나서 사회가 받아들이기까지 시간이 걸린다. 그런데 기존에 충분히 발전되어 있던 기술을 사용하고 있다면, 신기술이 등장했을 때 더더욱 더디게 적용될 수 있다. 기존 기술을 사용하는 것만으로도 충분히 편하기 때문이다. 즉, 신기술을 적용하는 데 드는 비용 대비, 개선했을 때 개선되는 정도가 크지 않기 때문이기도 하다.

가장 순수한 상태이기에 최신 기술을 도입할 환경이 될 수도 있다.

예를 들어 카드 결제와 스마트폰을 통한 결제가 그렇다. 카드 결제 시스템이 충분히 구축되어 있지 않은 국가를 예로 들어보자. 그들이 카드를 한국만큼이나 대중적으로 사용하기 이전에, 스마트폰이 보급되었다면? 모바일 애플리케이션을 통한 간편결제 시장이 급속도로 성장할 수 있다. 카드는 도입되었더라도 시장을 점유하기 전에 밀려나기 시작하거나, 애초에 등장하지 않을 수 있다. 스마트폰을 통한 결제만으로 편하면 카드를 만들 이유가 있겠는가?

2015년에 업무상 중국 우한을 방문할 일이 있었다. 우한은 중국의 도시 중에서 상해, 베이징과 같이 최고로 발전한 도시로 볼 수는 없었지만, 지리적인 위치상 교통과 문화의 중심지이면서 지역 경제를 활성화시키는 몇몇 대형 기업과 함께 빠르게 발전 중인 도시였다. 당시 도시 인구는 약 1,000만 명을 넘어서는 정도였다.

중국 후베이성 우한의 모습

인상적인 부분은 눈에 보이는 기술들이었다. 분명 발전 도중인 도시로, 미처 정비되지 못한 도로 하나를 사이에 두고 공사장과 초호화 고층 빌딩, 1990년대 한국에서 보던 노후화된 건물들이 난립한 곳이었다.

그런데 사람들은 전기차, 전기 오토바이를 몰고 있었고, 때문에 지척에서 지나가는 소리가 들리지 않아 놀라는 경우도 많았다. 더불어 유명 건물 앞에서는 전기충전소도 심심치 않게 볼 수 있었다. 한국의 명동 같은 큰 길의 가로등에는 태양광 발전을 위한 태양광 패널이 있었다. 또한 이동 중 이용한 택시에서는 택시 기사들끼리 정보를 공유하면서 일반적인 전화를 이용하지 않고 애플리케이션을 이용한 인터넷 통화를 했다. 숙소에서는 애플리케이션을 이용해 차량을 부를 수 있었고, 쇼핑몰이나 음식점에 가면 QR코드[14]를 활용한 간편결제가 가능했다. 2015년에 상해나 베이징도 아닌 곳에서 스마트폰으로 말이다.

이처럼 국가의 발전 양상에서 기술의 도입은 항상 최초의 기술부터 한 단계씩 발전하며 이루어지지 않는다. 한국도 직접 증기기관차를 개발한 다음에야 전구를 켜고 컴퓨터를 사용하는 것이 아니라, 빠르게 정보기술의 핵심인 반도체를 사용하는 단계로 넘어간 것처럼 말이다.

중국도 마찬가지였다. 경제 성장과 함께 기술발전이 이루어지면서 2015년 당시 한국의 약 20~30년 전 같은 사회 환경에서도 세계 기준에선 최신의 기술을 접목하고 있었던 것이다.

반대로 생각하면, 한국 같은 경우 도입 시에는 최신이었던 카드를 통한 결제 시스템이 워낙 잘되어 있었기 때문에, 정보기술 강국이라고 자부함에도 상대적으로 스마트폰을 통한 간편결제 시스템이 활용되는 속도가 뒤늦을 수밖에 없었다고 생각해볼 수 있다.

그렇다면 여기서 염두에 두면 좋은 것은 무엇일까?

---

14 바코드와 비슷하다. 스마트폰과 같은 기기로 QR코드를 인식하면, 패턴이 나타내는 정보를 해석해 활용된다. 일반적으로 정사각형의 흑백 격자무늬 패턴으로 이루어진다.

우리와 다른 선택이 이어진다면, 그 기술은 분명 알아 둘 가치가 있다.

전세계 중에서도 개발도상국[15]의 기술 사용 동향을 참고하면 좋다. 우리가 당장 사용하고 있는 기술이 충분히 편하고 괜찮아 보이더라도, 언젠가 교체될 가능성이 높은 기술인 것은 아닐지 알고 싶다면 말이다. 우리와 같은 시스템이 아직 자리잡지 못한 개발도상국이 점차 발전할 때, 우리와 같은 기술을 택하지 않고 새로 등장한 기술을 택하기 시작한다면 예의 주시할 필요가 있다. 지금 사용하는 기술이 당장은 더 편할 수 있더라도 그들이 도입하는 기술이 결과적으로 더 나을 수도 있기 때문이다. 알아둘 가치는 있다는 뜻이 된다.

---

15 선진국이 아닌, 발전 중에 있는 국가를 말한다. 선진국에 반해 중진국, 후진국으로 불리는 국가들이 여기 속한다.

블록체인(Block Chain)

영향

중간에서 관리하는 사람/기관 없이 직접 거래하게 만들 수 있을까?

블록체인은 인류 역사상 계속해서 유지되어오던 '거래 구조'를 변화시킬 가능성을 만들었다. 여기서 거래 구조는 서로 믿을 수 없는 중개 업무에 중개인 또는 중개 기관이 필요하던 구조를 말한다. 물건, 정보, 돈을 거래하며 작성하는 장부[16]를 관리할 때, 소수가 비밀스럽게 해오던 방식이다.

달리 말해 기존 구조를 유지해오던 모든 곳들은 블록체인의 영향권에 있게 되었다.

---

16 물건의 출납이나 돈의 수지(收支) 계산을 적어 두는 책, 〈표준국어대사전〉, 국립국어원, 1999. 10. 9

■ 모두 함께 장부를 관리하는 시스템

배달 서비스처럼 사람이 직접 눈에 보이는 경우는 수수료를 떼어도 쉽게 납득할 수 있다. 그러나 어떤 일을 하는지 눈에 보이지 않는 플랫폼을 이용하면서 수수료가 높다는 느낌이 들면 이런 생각을 할 수 있다.

'중간에서 수수료 많이 떼어가네', '수수료 아낄 겸 내가 발로 뛰지 뭐'

누군가 일하고 있기 때문에 수수료를 떼는 것이다.

한 번이라도 이런 생각을 해보았다면, 거래를 중개하고 수수료를 떼어가는 주체가 있다는 것을 안다는 말이니, 앞으로 설명할 이야기는 쉽게 이해될 것이다. 거래를 중개 및 관리하는 대신 돈을 받는 곳에서 사람들이 하는 일을 컴퓨터로 조금 특이하게 대체하는 이야기다.

블록체인은 정보기술의 힘을 빌려 모두 함께 거래를 중개하고 장부를 작성하며 관리한다. 장부를 다같이 작성하고 관리하므로 장부를 위조하기 어렵다. 정보기술의 힘, 쉽게 말해 컴퓨터의 힘을 빌리기 때문에 사람이 장부를 관리하는 데 들어가는 노력을 줄일 수 있다.

감시하는 데 들어가는 비용이 줄어드는 효과도 기대할 수 있다.

장부가 작성되는 곳에서, 그 장부를 작성하고 유지하는 일을 하는 데 고용된 인력도 비용이다. 그러니 컴퓨터가 사용하는 전력에 대한 비용이 과도하지만 않다면 비용도 줄어든다.

■ 기존 장부 관리

'장부'는 돈을 받거나 사용했을 때, 물건과 정보를 주고받으며 기록한 목록과 목록의 변화를 기록한 것이다. 예를 들어 친구에게 돈을 얼마 빌려줬고 다른 지인은 내게 돈을 얼마 지불했는지, 현재 내 자산이 얼마인지도 월별로 기록한다. 이때 장부는 작성자 한 사람이 책임지고 관리한다.

기록은 편의 및 보안상 누군가 한 명이, 혹은 소수가 담당한다.

특정 모임에서 총무, 계모임에서 계주와 같다. 예를 들어 '여행 계모임'이라 하면, 1년에 한 번 친구들과 여행을 가기 위해서 모임에 속한 친구들끼리 일정한 금액을 차곡차곡 모으기로 한다. 목표한 돈이 정해둔 기간 안에 모여 큰 돈이 되면, 개별적으로는 모으기 힘들었던 돈으로 멋진 여행을 떠나는 것이다. 여행뿐 아니라 계모임에서 설정하는 목표는 무엇이든 될 수 있다.

이때 모임에 속한 친구들이 약속한 돈 얼마를 언제 제대로 주었는지, 잘 모이고 있는지 장부를 작성하고 관리하는 사람을 계주 또는 총무라고 한다.

이 사람은 누군가 돈을 내지 않고 돈을 냈다고 기록하거나, 목적에 맞게 돈을 사용했는 데 사용하지 않았다고 기록하면 안 되기 때문에 장부를 작성한 뒤 조심스럽게 관리하며 보관하게 된다. 이것이 장부를 관리하는 사람과 장부가 관리되는 일반적인 방식이다.

그렇다면 인류 역사상 장부를 중요하게 여기는 가장 대표적인 곳은 어디일까? 단연 은행이다.

은행에서 잔고 및 이체 기록을 대신해주고, 고객은 그것을 확인할 수 있다.

통장은 돈이 오고간 정보가 모두 망라된 개인의 장부다. 이 모든 돈의 움직임을 기록한 장부는 은행 컴퓨터에 보관되며, 문서로도 남는다.

■ 기존 장부 관리 문제점

기존 장부 관리의 문제점은 크게 세 가지가 있다. 첫째로 장부 위/변조를 막기 위해 감시 체계를 구축해야 한다. 둘째로 장부를 작성하고 관리하는 사람에게 권력이 생긴다. 셋째로 감시하는 사람에게도 마찬가지의 이유로 권력이 생길 수 있다.

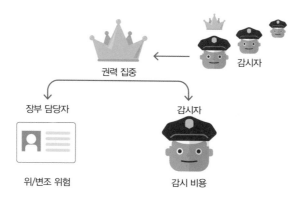

장부 담당자 위/변조 위험

권력 집중

감시자

감시자 감시 비용

장부를 중앙에서 소수가 관리하는 방식은 단점이 있다.

이 문제들은 소수의 사람이 장부를 관리하도록 하기 때문에 발생한다.

장부 작성 확인 및 감시의 높은 비용 문제는 장부 작성자가 틀리거나 고의로 다르게 적었을 가능성을 줄이기 위한 것이다. 그러나 그 자체로 부담되는 비용 수준일 수 있으며, 배보다 배꼽이 더 크게 될 수도 있다. 장부를 작성하는 인력 비용보다 감시 시스템을 위한 인력이 더 많이 들어가는 경우다. 예를 들어 계모임의 경우 서로 친분이 있는 사람들이 참여하는 것이고 금액도 크지 않을 때는 감시까지 하면서 장부를 확인할 필요가 없다. 하지만 은행은 큰 금액이 모인다. 돈을 맡기거나 찾아가는 쪽은 고객이다. 이들의 신뢰를 무너뜨리지 않기 위해서는 장부를 작성하는 직원들이 실수하거나 개인의 이득을 위해 장부를 조작하는 행위를 하지 못하도록 감시한다.

이를 위해서 내부감사를 담당하는 부서와 직원이 필요하게 되고, 실시간으로 정보를 확인하는 업무도 필요하다. 또한 금융계에서 장부가 조작되는 사고가 일어나면 국가 차원에서도 손실이기 때문에, 금융기업 내부뿐만 아니라 국가에서도 별도 기관을 두어 금융기업들이 장부 위조와 같은 문제를 일으키지 않는지 감시하고 확인하도록 한다.

이 과정에서 감시를 위해 투입된 인원만큼 비용이 증가한다. 그리고 이 비용은 고스란히 수수료에 포함되므로 서비스를 이용하는 사용자의 부담이 될 수 있다.

다음은 중앙 권력의 발생이다. 장부를 작성하는 업무를 담당하는 곳은 어떻게 보면 단순한 기록 업무를 한다고 볼 수 있다. 그러나 달리 보면 이들이 장부에 기록할 것인지 말 것인지 선택할 수 있는 힘이 생기는 것이다.

장부 작성에 사람의 판단은 개입하지 않을까?

장부를 기록하는 업무를 담당하는 사람은 위/변조도 가능하지만, 처음부터 기입하지 않을 수도 있다.

은행 장부가 아닌 다른 장부의 경우를 예로 들어 보자. 어떤 상품군의 유명 거래소인 A가 있다. A는 모든 상품을 거래하게 만들어줄 수는 없다. 왜냐하면 완성도가 낮거나 민간에서 거래되면 위험한 상품들이 거래되면 거래소 입장에서도 문제가 되므로 일정 상품만 거래될 수 있도록 정해 놓았다. 동시에 A에는 '거래 가능 상품 목록'이란 이름의 장부가 만들어진다. 이 장부에 포함되려면 엄격한 내부 심사를 거쳐야 한다.

이때 상품을 만드는 기업 B 입장에서 생각해보자. A는 유명한 거래소이며 이곳에서 거래되는 것 자체가 판매량 증가로 이어지는 수준이다.

디지털 시대에 살아남는 IT 지식

A 거래소에서 많이 거래하면 당연히 지속적으로 회자되는 마케팅 효과까지 있다. B는 A 거래소와 거래하고 싶은 마음이 간절해진다.

A의 '거래 가능 상품 목록'에 포함되는 심사 기준은 공개되어 있다. B는 기준을 읽고 자신들의 상품이 내부심사를 거치면 A에서 거래될 상품이라고 여겼다.

모든 심사 기준은 완벽히 객관적인 기준을 가질 수 있을까? '사회적으로 물의를 일으킬 수 있는 상품이 아니어야 한다'는 기준이 있다면, 사회적으로 물의를 일으키는 요소와 물의의 정도를 명확히 알 수는 없다. 객관적일 수 없는 기준이 잘못되었다는 뜻이 아니다. 모든 것을 완벽히 수치화할 수 없는 경우도 있다. 핵심은 '심사 기준'에는 느슨한 부분이 존재할 수밖에 없다는 것이다.

이 느슨한 부분에 사람의 감정 또는 개인적인 의도가 들어갈 수도 있다. 그날 기분이 좋지 않았던 심사위원은 B 상품을 사회적으로 문제가 될 수 있다고 생각해서 목록에 올리지 않을 수도 있다.

권력이 생기면 그에 따른 여러 부수적인 문제가 뒤따른다.

최악의 경우에는 B가 심사위원에게 뇌물을 주지 않아서 탈락시키는 경우도 가능하다.

반대로 A의 심사위원은 최대한 객관적으로 판단하려고 하고 있는데도, 상품을 A의 거래 목록에 올리고자 제멋대로 선물 공세를 펼치는 경우도 생긴다. 흔한 갑을 관계의 형성이 이루어진다.

거래소 A와 그 직원인 심사위원은 장부를 다루고 있기 때문에 권력이 생겼다. 충분히 사회적 문제를 일으킬 수 있는 부분이다. 그렇기 때문에 이 역시도 장부를 작성하는 사람이 개인의 이익을 위해서 객관적인 판단을 하지 않고 있는지 확인하고 감시하는 기관을 또 증가시키게 된다.

이제 장부와 장부를 관리하는 기존 방법, 그리고 그 문제점에 대해서는 잘 이해하게 되었을 것이다. 허술하게 관리하도록 두면 장부가 위/변조 될 가능성이 높아지거나 권력이 집중되는 문제가 생기고 막고자 하면 큰 감시 비용을 요구하는 형태이다.

■ 탈중앙화(Decentralized) 또는 분산화(Distributed)

중앙에서 소수의 사람이 장부 작성 및 관리를 도맡는 시스템, 기존의 장부 관련 시스템이 중앙화 시스템(Centralized System)이다. 이 시스템의 문제점을 해결하기 위해 탈중앙화 또는 분산화에 대한 연구가 진행되어 왔다.

중앙화   탈중앙화

집중되어 문제라면 흩어놓는다.

탈중앙화 또는 분산화의 요지는 간단하다. 해당 서비스를 이용하는 사람들이 장부를 직접 작성하도록 만드는 것이다.

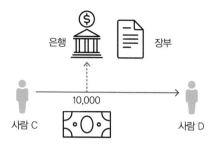

기존 거래와 장부 관리 구조

은행에서 장부를 작성하고 관리해야 했던 이유에 대해서 생각해보자. 사람 C와 D가 돈 10,000원을 주고받는다. C가 D에게 10,000원을 이체하고 이체가 완료되면 은행은 이것을 기록해 둔다. C 또는 D가 장부를 직접 작성한다면 어떤 문제가 있을까?

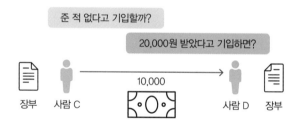

거래자가 직접 장부를 관리할 때 예상되는 문제

누구 한 명이 돈을 더 줬다고 적거나, 덜 받았다고 하는 문제가 생길 가능성이 크다. 그러면 그것을 감시할 제3의 인물이 필요하게 된다.

C와 D가 직접 장부를 작성하되 둘이 서로를 속이지 않고 장부를 작성한다면, 다른 사람들 누구나 C 또는 D가 작성한 장부를 믿을 수 있다면? 가능만 하다면 장부를 대신 작성해주는 서비스 때문에 발생하는 문제가 최소화된다.

금전거래뿐만 아니라 모든 기록 장부는 마찬가지다. 거래소 A와 그곳에 상품을 등록하고 싶은 B의 '거래 가능 상품 목록' 예제에서도 말이다. 목록에 올려주는 심사 기준만 정확히 지키고, 뇌물같은 다른 요인에 영향을 덜 받도록 한다면? 애초에 거래 사실을 각자 장부에 정확히 기입한다면?

■ 탈중앙화(Decentralized) 문제점

탈중앙화에 대한 도전에서 핵심적인 문제는 모두가 동시에 같은 장부를 작성 및 수정하면 신뢰할 수 없는 것이다.[17]

세 사람 E, F, G가 동시에 장부를 작성한다고 하자. 이때 두 가지 어려움이 따른다. 첫째로는 누구의 것이 위/변조된 장부인지 구분하는 방법이 없다. 세 사람 중에서 F와 G가 동시에 장부 내용을 수정했다. 둘은 내용이 서로 다른 장부를 갖게 되었다. 이때 F와 G의 장부 중에서 어떤 것이 옳은 장부인지 어떻게 알 수 있겠는가?

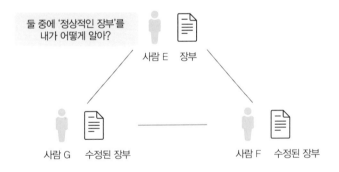

기입도 관리도 사람이 하는 한 발생할 수밖에 없는 문제

---

17 대표적인 예가 '비잔틴 장군 문제(Byzantine Generals Problem)'다. 정보를 먼 거리에서 주고받는 장군들이 있다. 정보는 전달 과정에서 위조될 가능성이 있다. 이때 어떻게 서로 옳은 정보와 잘못된 정보를 가려내고, 이 정보가 믿을만한 정보라고 합의할 수 있을까? 이것은 컴퓨터 공학계에서 만들어낸 가상의 난제다. 탈중앙화된(Decentralized) 곳에서 주고받은 정보를 믿으려면 해결이 필요하다.

심지어 둘 다 속여서 작성했을 수 있다. E, F, G 셋 모두 기계가 아니라 사람이다. '서로를 속이지 않고 장부를 작성한다'고 100% 믿을 수 없다.

그들 모두의 장부를 하나하나 감시하는 구조가 필요하다. 그런데 중앙화 시스템에서, 중앙에서 관리하는 하나의 장부가 제대로 작성 및 수정되는지 감시하는 데도 비용이 많이 들어가는 것이 문제였다.

모두가 개별로 관리하는 장부를 매번 정밀하게 확인하려면 감시 비용 감당이 될까?

두 번째 문제는 장부의 내용이 추가 및 수정되어야 할 때마다 각자가 실시간으로 정보를 갱신할 수 없다는 것이다. 우편을 통해서 정보 갱신 사실을 알린다면, 우편이 전달되는 시간 동안 다른 사람들의 장부에 변화가 생길 수 있다. 실제로 장부가 수정된 시간과 다른 사람들이 수정 사실을 알게 되는 시점이 달라지면 업무가 어렵다. 예를 들어 보자.

H라는 사람이 새롭게 등장한다. F를 포함한 다른 사람들은 H가 10,000원을 가지고 가입했다는 사실을 각자의 장부에 기입한다.

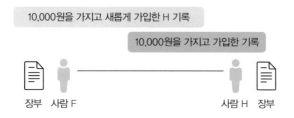

새롭게 가입한 사람의 자산과 가입 시기 기록

직후 F, G와 거래를 하는데 여기서 문제가 발생한다. 다음 그림의 ①에서 보듯 F는 H가 자신의 소개로 최초 자산 10,000원을 가지고 가입했다고 알렸다. 이어서 거래 내역서 내용을 보았다.

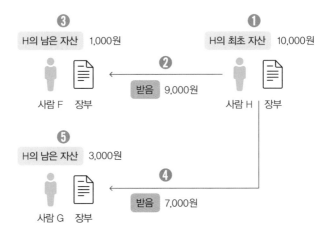

서로 다른 장부 작성으로 '이중 지불 문제'가 일어난 현장

F는 10,000원을 가진 H에게서 9,000원을 받았고(②) H는 1,000원이 남았다(③)고 적었다. 그 다음 G가 보내준 내용을 본다. G는 10,000원을 가진 H에게서 7,000원을 받았고(④) H의 자산은 3,000원(⑤)이 남았다고 적었다.

무언가 잘못되었다. H가 가진 10,000원의 자산이 줄어들지 않은 채로 두 번의 거래가 성사됐다. H의 자산 상태가 제때 갱신되지 않아 벌어진 일이다. H는 10,000원이라는 자산으로 두 번을 거래한 셈이다. '이중 지불(Double Spent)' 문제가 발생한 것이다.

중앙화 시스템에서는 장부 작성자가 실수로 또는 고의적으로 하지 않는 한, 이중 지불 문제가 발생하기 어렵다. 예를 들어 은행은 고객들이 거래하기로 한 시점을 따져보고 먼저 들어온 거래를 완전히 처리하고 다음 거래를 처리한다. H가 F에게 9,000원을 주었으면 H의 자산이 1,000원으로 수정된 다음 H가 G와 거래하게 만든다. 따라서 H가 G에게 7,000원을 주는 거래는 1,000원 밖에 없으니 잔고 부족으로 불가능함을 알리는 것이다.

디지털 시대에 살아남는 IT 지식

그러나 장부를 각자 관리하면 서로의 최신 정보(예시에서는 잔고)를 주고받아 반영하는 데 시간 차이가 발생하기 때문에 이런 이중 지불 문제가 벌어진다.

■ 인터넷이 탈중앙화(Decentralized) 문제를 해결하다?

통신기술을 통해 정보를 실시간에 가깝게 주고받는 것이 가능해졌다.

통신기술의 발달과 인터넷의 등장으로 사람들끼리 실시간으로 정보를 주고받을 수 있는 환경이 되었다. 인터넷에 모여 함께 장부를 실시간으로 작성하면 되는 것일까? 불가능하다.

첫 번째 위/변조 문제를 보자. 애초에 컴퓨터가 장부에 정보를 기록하도록 한다. 그리고 장부의 내용에 틀린 것은 없는지 컴퓨터가 실시간으로 서로 대조하게 만드는 것이다. 다른 장부와 비교해 다른 부분이 있으면 경고하는 방식으로 알려줄 수도 있다. 사람이 장부를 들춰보는 시간이 줄어드니 관리하는 데 들어가는 인건비가 감소한다. 컴퓨터가 사용되는 것도 전력을 포함해 모두 비용이지만, 사람이 24시간 일하는 것에 비하면 저렴하다. 그러나 이 경우에도 누구의 기록이 옳은 것인지를 판단하는 문제가 남는다.

컴퓨터는 '그렇다', '아니다'를 답할 뿐이다.

컴퓨터는 모두 평등한 정보일 뿐 '어느 것이 옳다'는 개념이 없다. 그것을 판단하게 하려면 '~한 것이 옳은 정보다'라는 판단 방법도 컴퓨터에게 알려주어야 한다.

두 번째 통신기술로 정보를 주고받는 것은 사람이 체감하기에 우편보다 빠르다. 그럼에도 불구하고 그것이 '동시'는 아니다. 빠른 통신 속도만으로 모두가 같은 정보를 보며 함께 장부를 작성할 수 있게 되는 것은 아니라는 말이다. 정보가 오고 가는 것에는 1,000분의 1초 차이라도 있기 마련이다. 즉, 시간 단위만 바뀔 뿐 H의 잔고가 변화했다는 정보가 F와 G에게 서로 다른 시간에 도착하는 것은 여전하다.

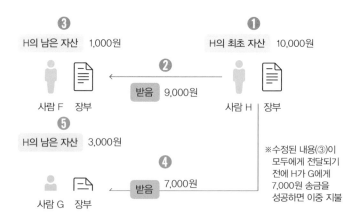

실시간에 가깝게 정보를 공유해도 동시에 공유되는 것은 아니다.

그러므로 H의 잔고가 적어졌다는 정보가 공유되기 직전에 G가 H로부터 송금받는 거래가 일어나면 역시나 이중 지불 문제는 그대로 벌어진다.

따라서 각자 작성하는 장부의 위/변조와 이중 지불 문제는 컴퓨터의 등장과 정보 전달 속도 개선만으로 해결되는 것이 아니었다. 다른 수가 필요했다. 관련 연구가 몇 십년 간 거듭된 끝에 탈중앙화 시스템의 근본적인 문제를 해결하는 방법이 등장하게 된다. 그 해결책의 이름 중 하나가 '블록체인'이다.

■ 블록체인의 장부 관리 방법

블록체인은 장부의 분산 관리 시 문제를 어떻게 해결했을까?

다시 한 번 가상의 인물 E, F, G를 등장시키자. 세 명은 모두 컴퓨터를 가지고 있다. '블록체인'이라는 특별한 프로그램을 설치한다. 금전 거래는 이 프로그램을 통하며, 장부 작성 및 관리를 프로그램에게 맡긴다.

세 명은 모두 10,000원을 가지고 있다. 세 컴퓨터에는 세 명이 10,000원씩 가지고 있다는 장부가 있다. 세 컴퓨터의 장부는 내용이 일치한다.

E가 F에게 10,000원을 보내려고 시도한다. E의 컴퓨터는 장부에 E의 자산 10,000원을 빼고 F에게 보낸 것으로, F의 자산을 10,000원 더해 20,000원으로 기록해달라고 요청서를 작성한다. 거래가 진행된 것은 아니다. 이런 거래가 진행될 것이라고 쓴 것이다.

사람 E　　　　　　　　　　요청서

이체 : E ➡ F
　E 자산 : -10,000원
　E 잔고 : 0원
　F 자산 : +10,000원
　F 잔고 : 20,000원

거래 요청서 작성 후 바로 거래가 확정되지는 않는다.

여기서 세 컴퓨터에 설치된 프로그램에는 한 가지 약속이 되어 있다. 정해둔 시간 동안 요청서를 작성하는 시간을 갖는다. 그동안 각자 요청서를 열심히 쓰는 것이다.

주기적으로 작성된 요청서들을 모은다.

그 다음 정해진 주기(週期, Period)로 시간이 되면 거래 요청서를 한데 모은다.[18] 작성된 시간 순으로 요청서를 나열하고, 요청서 내에 적힌 잔고와 거래에 문제가 없으면 한 상자에 담는다. 여기서 문제란 과거 장부 기록과 비교해 불가능한 거래이거나, 기록 자체가 틀린 경우에 해당한다. 만약 문제가 있는 요청서가 있다면 제외된다. 요청서가 한 주기마다 담기는 상자 이름은 '블록(Block)'이다. 그리고 상자에 특수한 일련번호[19]를 붙인다.

---

18 물리적인 어떤 위치에 요청서를 모두 모은다는 것은 아니다. 현재 프로그램이 설치되어 있고 인터넷에 연결되어 있는 컴퓨터들이, 연산력(Computing Power, 컴퓨팅 파워)을 조금씩 나눠 가상의 컴퓨터가 인터넷상에 존재하게 만든다. 즉, 여러 대의 컴퓨터가 한 대의 컴퓨터인 것처럼 일을 하는 것이다. '일에 대한 정보', '클라우드 컴퓨팅'에서 설명할 가상의 슈퍼 컴퓨터와 같은 상태다.

19 해시(Hash)는 어떤 정보를 고정된 길이로 바꾸는 해시 함수(Hash Function)를 통해 만들어진다. 결과물인 해시의 길이는 늘 같지만, 그것이 나타내는 원본의 정보는 길이가 일정하지 않아 유추하기 어렵다. 또한 원본 정보가 조금만 달라도 결과물인 해시는 완전히 달라진다. 이 역시 해시를 통해 원본 정보를 유추하기 어렵게 만든다.

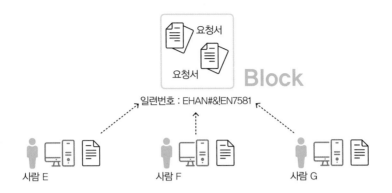

한 주기의 한 블록(Block)에는 특수한 일련번호가 붙는다.

일련번호가 최초로 붙여질 때는 복잡한 수학적 계산을 요한다. 연결된 컴퓨터들 모두가 연산력(Computing Power, 컴퓨팅 파워)과 시간을 들이게 된다.

이 특수한 일련번호는 상자의 내용을 바탕으로 만들어진다. 뒤집어 말하면 내용물인 장부 내용이 조금만 바뀌면, 바뀐 내용물로 만들어지는 일련번호는 기존의 일련번호와는 달라진다는 특징이 있다.

즉, 누군가 이후에 장부 기록을 위/변조한다고 해도, 위/변조된 내용일 때의 일련번호와 기존 일련번호가 일치할 수 없다. 때문에 블록 안에 있는 내용물의 특수 일련번호를 만들어 봤는데, 기존 특수 일련번호와 일치하지 않으면 위/변조되었다는 사실이 밝혀진다.

이런 특수한 일련번호는 연결된 컴퓨터들 중 하나가 확률적으로 제작에 성공하게 된다. 예시에서는 E의 컴퓨터가 완성했다고 하자. 완성된 일련번호를 블록 위에 붙인다. 이제 블록은 거래 내용에 문제가 없으며, 차후 확인용 일련번호까지 붙었다는 뜻이다. 완성된 블록은 연결된 모든 컴퓨터에 배포된다.

완성된 블록(Block)을 모두 기존 블록에 연결(Chain)하며 거래가 확정된다.

F와 G의 컴퓨터는 받은 블록의 내용과 일련번호를 비교하며 검증한다. 이 둘의 컴퓨터에서도 문제가 없다고 밝혀지면 이 거래 시스템에 참여하는 E, F, G 모두가 100% 옳다고 합의한 것이다. 그러므로 이 순간 거래가 확정된다.[20]

동시에 새롭게 만들어진 블록은 기존에 있던 블록에 연결된다. 이렇게 장부 기록이 담긴 블록과 블록이 '줄지어 연결된 모양(체인, Chain)'이라 해서 블록체인(Block-chain)이라고 부른다.

■ 위/변조된 블록이 배포된 경우

컴퓨터는 장부 내용과 상자 위에 적힌 일련번호를 비교하는 것처럼, 서로의 내용이 똑같은지 아닌지만 판단할 뿐이다. 누군가 고의적으로 장부의 내용도 일련번호도 모두 속인 다음 다른 사람들에게 '이게 옳은 장부 내용이다'라고 배포한다면, 어떻게 그것이 올바르지 못한 정보라고 프로그램이 판단할 수 있을까?

---

20 이 절차는 거래 시스템에 참여하는 모두가 합의하는 정해진(계획된) 과정 또는 정해진 절차라고 해서 '합의 프로토콜(Consensus Protocol)'이라 부른다. 영어일 뿐 문자의 의미 그대로인 것이니 어려운 용어라고 생각하지 않아도 된다.

저장된 정보란 위/변조될 수 있는 것이다.

예를 들어 세 명의 사람 E, F, G 중에서 한 명인 E가 악한 마음을 먹고, 자신의 컴퓨터에 저장되어 있는 장부 내용과 상자를 강제로 열었다고 하자. 장부 내용뿐만 아니라 지금까지 쌓인 모든 상자(블록)의 일련번호까지 모두 조작했다. E가 가진 자산이 지금의 100배로 보이도록 거래 내역을 수정한 것이다. 다음 거래가 진행될 때 이 블록들과 다른 F, G의 컴퓨터 블록들이 비교 대상이 되었다. 어느 쪽이 옳은지 어떻게 판단할까?

과반수 이상이 가진 장부 내용이 옳은 것으로 판단하기로 약속되어 있다. 따라서 3명 중 2명분인 66.7%를 차지하는 F, G 컴퓨터의 것이 옳은 것이 된다. E가 가진 것은 폐기된다. E가 가진 모든 정보는 다시 F, G가 가진 것들과 같은 것으로 교체된다.

블록체인 세상은 다수결로 돌아간다.

장부 위/변조를 하려 한다면 결과적으로 다른 사람의 장부를 한 번에 절반 이상 위/변조해야 하는 것이다. 여기서 한 차원 위/변조 난이도가 올라가게 된다.

이번에는 E가 F와 G의 컴퓨터까지 해킹해서 둘의 컴퓨터에 있는 모든 장부 내용과 블록의 일련번호까지 수정하려 한다.

블록체인은 정해진 시간마다 쌓인 거래 요청서를 모아 처리한다. 정해진 시간이 되면 모두 모여서 그 동안의 블록이 서로 맞는지 맞춰보고, '과반수 이상과 다른 정보를 가진 장부 내용'은 폐기해버린다. 그렇기 때문에 이 경우 E에게는 자신 외에 다른 한 명의 컴퓨터까지 해킹 후 장부 내용을 완전히 조작해서 3명 중 2명이 조작된 장부를 갖게 만드는 데 시간 제한이 존재한다. 시간을 넘기면 조작 내용은 모두 원점으로 돌아간다.

3명을 예시로 하고 있기 때문에 과반수가 2명이라 '충분히 조작 가능하겠는데?'라고 생각할 수 있다. 맞는 말이다. 블록체인은 참여하는 사용자가 적으면 충분히 위/변조 가능성이 있다.

반대로 말하면 사용자가 많아질수록[21] 위/변조 난이도가 급격히 증가하는 시스템이다. 탈중앙화(분산화) 시스템이란 이름에 걸맞게 소수가 갖지 않고 더 많은 사람들에게 분산되어 안전한 셈이다.

■ 블록체인 등장

지금껏 말한 구조로 최초 동작하는 탈중앙화 시스템 '비트코인(Bitcoin)'이 가명의 인물 사토시 나카모토(Satoshi Nakamoto)에 의해 2008년 대중에게 공개된다. 공개 당시의 제목[22]이 모든 것을 간단하게 요약해준다.

---

21 블록체인 세상에서 과반수 또는 51%를 사람 수로 따지는 것은 아니다. 블록체인에 연결된 컴퓨터의 연산력(Computing Power)의 51%를 의미하는 식으로 실제 사람 수와는 동 떨어진 숫자 51%를 따질 수 있다.

22 「Bitcoin: A Peer-to-Peer Electronic Cash System」 Satoshi Nakamoto, Oct 2008

중앙 또는 중개를 거치지 않고 컴퓨터를 이용해 개인과 개인(Peer-to-Peer)이 직접 자산을 거래할 수 있는 시스템(Cash System)이라는 것이다. 그 시스템의 이름은 비트코인이며, 이 시스템을 가능하게 만드는 구조가 블록체인이었다.

블록체인의 등장 의의는 확실했다. 중앙화 시스템을 사용하지 않는 선택지를 보여주었다. 은행과 같은 중개인이 사라진다는 것, 모두 함께 장부를 관리하고 감시하기 때문에 위/변조가 어려워진다는 것, 누구 하나가 장부를 가지고 있는 것이 아니기 때문에 그로 인해 발생하는 권력이 사라진다는 것이다.

비트코인 등장 이후 많은 블록체인들이 등장하고 발전한다.

이후 블록체인은 기본적인 구조는 지키면서 수많은 발전을 거듭해 다양한 구조를 낳았다. 문제점을 보완하는 것뿐 아니라, 블록체인을 이용해 서비스를 만드는 개인, 팀, 기업들이 각자 하고자 하는 서비스에 걸맞게 맞춤형 블록체인들을 등장시켰다.

이 책에서 전부 설명할 수는 없다. 더 알고 싶다면, 블록체인 서비스를 제공하는 기업을 통해 내부 구조에 대해 자세한 정보를 얻을 수 있다. 기본 구조를 상기하면서 설명을 읽으면 어느 정도 이해할 수 있을 것이다. 보통 '백서(White Paper)'라는 이름으로 서비스 목적, 개요, 블록체인 동작 구조를 밝히고 있다. 궁금한 서비스 이름 또는 그와 함께 백서를 조합해 검색해도 좋다.

■블록체인의 단점

중앙화 시스템이 아닌 선택지로 블록체인이 등장했지만, 단점이 없는 것은 아니다. 탈중앙화/분산화 시스템이기 때문에 갖는 단점과 등장한 지 얼마 안 된 신기술이기 때문에 미처 보완되지 않은 단점이 존재했다.

느린 속도

정보 공간 낭비

전력 과소비

신기술이 장점만 있는 것은 아니다.

첫째로 정보를 작성하거나 읽으며 주고받는 속도만을 놓고 봤을 때, 블록체인은 느리다. 정보를 단순하게 저장하고 읽어오는 방식이 아니기 때문이다. 장부를 각자의 컴퓨터에 작성하고 저장하는 과정 중에 정보가 위/변조되지 않았는지 모두 맞춰보는 검증 절차가 있다. 이 과정에는 모든 컴퓨터의 능력과 시간이 사용된다. 그렇기 때문에 일반적으로 속도가 생명인 서비스에 다짜고짜 블록체인을 적용하려면 낭패를 볼 수도 있다[23].

둘째로 중앙화 시스템에 비해 상대적으로 정보 공간 낭비가 있다. 장부가 한 곳에서 작성되고 관리되는 것보다, 참여하는 모든 사람들이 똑같은 장부를 작성하고 저장하기 때문에 당연히 발생할 수 밖에 없는 단점이다. 컴퓨터가 다루는 정보의 양이 사람 눈에 직관적으로 보이지 않더라도, 정보 저장 공간으로 사용하는 제품(외장하드, USB 저장 장치 등)이 대량으로 쌓여가는 모습을 상상할 수 있다.

---

23 '검증 절차를 모두 함께하기 때문'이라는 같은 이유로 '확장성 문제(Scalability Problem)'가 있다. 블록체인은 사용자가 검증하는 역할을 하므로 사용자가 늘어날수록 검증 시간이 계속해서 길어진다. 따라서 더 많은 사용자가 사용하도록 서비스가 확장되는 데 문제가 발생한다.

셋째로 전력(電力, Electric Power) 소비가 과도한 경우가 있다. 중앙화 시스템에서는 장부 관리 컴퓨터가 있다고 해도, 필요한 만큼만 전력을 소비할 것이다. 그러나 블록체인은 모든 컴퓨터가 각자의 위치에서 총력을 다해 전력을 소비할 수도 있다.

블록 위의 일련번호는 블록체인 시스템에 참여한 컴퓨터들이 복잡한 계산을 하다가 제작한 것이다. 그러다 보니 참여 중인 모든 컴퓨터들이 일단 일련번호 제작이 완료될 때까지 최선을 다해 전력을 소비한다.

이런 전력 소비 문제는 사회적인 문제[24]로도 널리 알려져 해결책이 논의되기도 했다. 기존의 블록체인이 일련번호를 만들어내는 과정[25]을 바꿔 전력이 덜 소비될 수 있는 블록체인 구조[26]도 등장하기 시작했다. 물론 모든 블록체인이 동일한 구조로 전환된 것은 아니기 때문에, 전력 소비 문제는 계속해서 거론되고 있다.[27]

이러한 단점들을 최소화하기 위해 여러 가지 방법들이 동원되고 있다. 블록체인이 구조상 가지고 시작한 근본적인 단점들로써 알고 있으면 도움이 될 것이다.

이 중에서 과도한 전력 소비가 심화된 이유는 이어서 다룰 '암호화폐(Crypto Currency)'와 연관이 있는데, 뒤에서 조금 더 설명한다.

---

24 「비트코인, 채굴 전력 소비 급증…'심각한 환경 위협' 경고」 조선비즈, 2017. 12. 8

25 PoW는 'Proof of Work'의 약자로 '일하는 정도'가 기준이 된다는 의미이다. 본문 중 언급한 일련번호(해시, Hash)를 만드는 과정에서 컴퓨터 연산력(Computing Power)이 뛰어난 참여자가 일련번호를 만들어낼 가능성이 높도록 되어 있는 구조를 말한다. 이 책에서 설명하는 암호화폐는 일련번호를 만들어낸 참여자가 갖게 되므로, 사람들은 경쟁적으로 컴퓨터 연산력을 높이고 할애하게 되어 전체 전력 소비를 크게 만드는 구조가 된다.

26 PoS는 'Proof of Stake'의 약자로 '보유하고 있는 정도'가 기준이 된다는 의미이다. 해당 블록체인에서 사용되는 암호화폐를 얼마나 보유하고 있는가에 따라서 본문 중 설명한 일련번호(해시, Hash)를 생성할 권한이 부여된다. 따라서 모든 컴퓨터가 일련번호를 만들기 위해 항상 전력을 소비할 필요는 없다.

27 「비트코인: 전기 사용량 아르헨티나의 연간 사용량보다 많다」 BBC, 2021. 2. 21

■ 블록체인 활용

블록체인 시스템을 우리가 직접 이용한다면 어떤 상황에서 가장 활용 가치가 높을까? 여러 사람이 동일한 정보 기록을 가지고 일할 때, 서로를 완전히 신뢰하기는 힘들다.

예를 들어 세 사람 A, B, C는 서로 다른 회사에서 각자 일하는 직장인이다. 그러나 이들은 하나의 문서를 기반으로 일하고 있다. 각자의 회사에서 조금씩 입력한 정보들이 하나의 문서를 이루고, 이 문서를 기반으로 추가적인 업무가 진행되는 식이다. 외국에서 수입한 물건과 그 물건의 지난 운송 정보, 병원 및 약국 방문 환자의 지난 병력 등과 같이 여러 기관 및 기업을 거쳐 완성되는 하나의 문서를 떠올리면 쉽다.

하나의 문서를 동시에 사용한다는 것은 어려움이 따른다.

같은 회사 같은 부서라면 문제가 없지만, 이 셋은 서로 다른 회사에서 일하고 있기 때문에 A가 가진 문서를 B에게 이메일로 전달했을 때, B는 이메일에 첨부된 해당 문서의 양식과 내용이 맞는지 지난 내용과 대조해보는 절차를 거쳐야 한다. 수정된 정보가 있다면 연락해서 확인도 해야 한다.

그렇지 않고 업무를 했다간 잘못 기입된 정보를 토대로 일을 진행한 것이 되기 때문에 낭패를 면할 수 없다. 그렇기에 한 번의 전달 과정을 거칠 때마다 일정 시간과 노력이라는 비용이 추가된다.

이때 이들이 업무를 보는 컴퓨터에 하나의 툴(Tool)을 도입해보자. 이 툴은 블록체인 기술을 도입했고, 셋이 함께 참고하는 그 하나의 문서를 저장 및 관리하는 역할을 한다. 주요 역할은 첫째로, 문서 안에 기입될 정보는 회사 내에서 해당 정보가 존재하는 곳과 연결해 컴퓨터가 직접 입력한다. 해당 정보가 최초로 입력되는 회사 내의 다른 컴퓨터도 이 툴을 설치한다. 기입된 내용, 수정된 내용이 문제가 없는지는 컴퓨터끼리 직접 비교해서 판단한다.

둘째로, 각 회사에서 기입하는 정보가 변했거나, 세 사람 중 누구 하나가 문서를 별도로 수정한 경우 수정했다는 사실과 내용도 모두 블록체인 상에 함께 기록한다.

셋째로, 다른 정보는 블록체인의 '과반수 기준' 방식으로 처리한다. 예를 들어 각 회사에서 최초로 정보가 발생하는 곳, 그 정보를 통해 해당 문서를 작성하는 A, B, C 세 사람의 컴퓨터 그리고 해당 문서 중에서 일부 정보가 다른 경우, 블록체인의 방식으로 잘못된 정보를 폐기하고 과반수가 사용하고 있는 정보를 옳은 것으로 판단하도록 한다.

즉, 이 문서가 작성되기까지 사용되는 정보를 블록체인상에서 관리하도록 만드는 것이다. 이 구조에서는 A, B, C가 업무를 할 때 해당 문서의 내용이 문제가 없는지 확인하는 과정을 단축시킬 수 있다. 각 회사가 새롭게 입력한 정보를 토대로 문서는 자동으로 완성되고, 과거 문서에 적힌 정보와 비교해 이상이 없는 문서인지는 컴퓨터와 블록체인 시스템이 확인한다.

또한 문서 내에 입력되는 정보 이외에 문서의 양식 같은 부분이 수정되었을 때는 수정을 누가 했는지부터 시간까지 위/변조 불가능하게 남기 때문에 빠르게 수정 사항과 이유만 확인할 수 있다. 업무 상대가 자신이 한 일에 대해서 모른 척할 수 없는 업무 환경이 된다.

블록체인의 장점이 도드라지게 발휘되는 곳의 특징은 무엇일까? 본래부터 같은 정보를 분산된 곳에서 다루고 확인할 일이 많은 곳이다. 당연히 위/변조된 정보에 대한 걱정도 있다. 대표적으로 무역, 물류 관련 분야이다.

무역, 물류 산업은 하나의 회사가 제품이 생산되는 지점부터 제품을 받아보고자 하는 곳까지 모두 담당해서 역할을 하지 않는다. 만에 하나 그렇다고 하더라도 내부적으로 배달 업무와 사무 업무처럼 나눠져서 업무를 처리하는데, 이들 모두 같은 정보를 계속해서 다음 사람한테 전달하거나 '문제 없음'을 인증받는 형태로 일한다.

만약 국경을 넘어서 물건이 오고 가는 무역의 경우에는 공공기관과 세금 관련된 문서까지 작성하며 일을 하므로 하나의 정보를 여러 곳에서 엄정하게 다룰 수 밖에 없다. 그렇기에 블록체인의 도입 논의도 많이 되었다고[28] 볼 수 있으며, 꼭 무역과 물류는 아니더라도 이와 유사한 구조로 일한다면 블록체인의 활용성에 대해서 생각해 봄직하다.

이 외에도 자격증, 인증서 같이 위/변조가 되어서는 안 되는 정보를 보관할 때 사용할 수 있다. '탈중앙화 신원증명(DID, Decentralized Identity)'이라고 하는데, 개인의 정보 이용에 직접적으로 영향을 주는 이야기로 이 책의 마지막 장에서 다루게 될 것이다.

---

28 「Part 3. 미래 물류의 중심에는 '플랫폼 산업' 있다」 물류신문, 2020. 11. 16

암호화폐(Crypto Currency)

보기만 해도 가치가 느껴지는 이유

지금까지 알던 돈 또는 돈과 같은 모든 것들의 형태가 영향을 받는다. 실물이 존재해야만 했던 것이 그렇지 않게 될 수 있다. 따라서 경제 활동 시 화폐처럼 다루던 것들이 과거와 기술적으로 달라지는 경우도 있을 수 있고, 금전적 가치가 없다고 여긴 것이 가치를 갖게 되는 것을 보게 된다. 그러므로 경제 활동을 한다면 판매하는 쪽이든 소비하는 쪽이든 영향을 받는다고 할 수 있다.

■ **블록체인과 암호화폐**

　블록체인에 대해 알아보면서 일부 생략하고 넘어간 부분을 다시 되짚어 보겠다. 블록체인에서는 참여하는 사람들의 컴퓨터가 열심히 일을 해서 블록 위에 일련번호를 만들어야 한다. 그래야 쌓여있던 거래가 모두 성사되고 장부 기록이 완료된다.

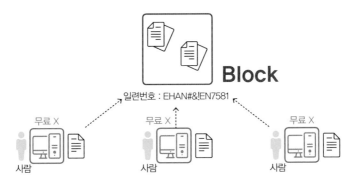

Block

일련번호 : EHAN#&!EN7581

무료 X 　　　　　무료 X 　　　　　무료 X

사람 　　　　　　사람 　　　　　　사람

블록체인에 동원되는 컴퓨터는 무료로 이용되는 것이 아니다.

　참여하는 사람들은 자신의 컴퓨터가 열심히 일하면서 사용하는 전력만큼 비용을 지불해야 한다. 또한 컴퓨터로 고성능 게임을 할 수도 있고, 과제를 해야 할 수도 있는데 컴퓨터가 다른 사람 이체 거래 장부 기록을 돕겠다고 동작하고 있게 둘 필요가 있을까?

　없다. 그러므로 자신이 블록체인 구조 위에서 이체를 할 필요가 있을 때만 인터넷에 연결했다가, 거래가 끝나면 컴퓨터를 끌 것이다. 이런 식이면 블록체인에는 항시 참여하고 있는 참여자가 줄어들게 되고 위/변조 가능성이 높아지게 된다. 즉, 참여자가 항상 블록체인에 연결되어 장부 정리를 돕는 상태로 만들 필요가 있다.

그래서 블록체인은 참여자에게 보상을 주기로 한다. 장부 검증 및 보관하는 과정마다 필요한 일련번호를 만드는 데 성공한 이에게 보상을 한다. 경제적 유인을 확실히 주는 것이다.

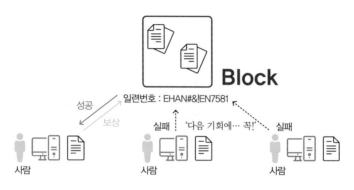

블록체인에 참여할 이유 = 암호화폐 보상

이 보상으로 주어지는 것이 블록체인이 생산하는 암호화폐(Crypto Currency)다. 암호화된 정보를 이용해 블록체인 시스템 내에서 거래되기 때문에 화폐 앞에 '암호(Crypto-)'가 붙어 암호화폐라고 한다. 대중적으로는 코인(Coin)이라고 지칭하는 경우가 더 많다. 최초의 블록체인에서는 이 암호화폐, 코인의 이름이 비트코인(Bitcoin)이다.

정리해보면 이렇다. 블록체인을 통해서 중개하는 은행 없이 개인과 개인이 직접 거래를 하는 데는 참여자가 가진 컴퓨터의 도움이 필요하다. 이때 도움을 준 것으로 확정된 참여자에게 해당 블록체인에서 만든(발행하는) 화폐인 암호화폐를 보상으로 준다. 사람들은 암호화폐를 받기 위해서 블록체인에 참여한다. 그렇기 때문에 블록체인은 계속해서 사람들의 거래를 처리하고 장부를 관리할 수 있다.

■ 수많은 암호화폐(Crypto Currency)

저서 『보면 아는 블록체인(2018)』과 유튜브(Youtube) 채널을 통해 블록체인 관련한 콘텐츠를 제공한 이후 많이 받은 질문 유형 중에 하나가 있다.

'모든 암호화폐는 비트코인인가?' 또는 'OO코인은 비트코인인가?' 같은 질문이다. 답은 '그렇지 않다'이다.

비트코인도 블록체인 종류의 하나다.

쉽게 말해 비트코인을 발행하는 블록체인이 있고, 또 다른 암호화폐를 발행하는 블록체인이 있다. 예를 들어 한국에서는 원화를 발행한다. 국내에서 원화는 일반적으로 사용할 수 있다. 호주 달러는 호주 내에서 발행되고 사용되는 것이 일반적이다. 특수한 경우에는 서로 다른 국가에서 화폐가 사용될 수도 있겠지만, 보통 그렇지 않다. 해당 국가 내에서 통용되는 화폐로 원(Won), 달러(Dollar) 등의 이름을 갖는다. 암호화폐와 블록체인의 관계도 이 경우와 같은 것이다. 일반적으로 서로 다른 암호화폐는 자신이 만들어진 블록체인 내에서 각각 거래 가능한 암호화폐이며 비트코인, 이더(Ether)[29] 등의 이름을 각자 갖는다.[30]

---

29 '이더리움(Ethereum)'이란 블록체인 위에서 발행되고 통용되는 암호화폐의 이름이다. 블록체인 이름이 보다 대중적으로 알려져 있어 편의상 '이더리움'으로 그냥 표기하는 경우도 많다.

30 서로 다른 블록체인에서 발행된 암호화폐가 거래될 수 있도록 만드는 블록체인도 이후 등장한다. 다른 국가의 화폐를 취급하거나 환전해주는 각 국가의 외환은행을 생각하면 쉽다. 본문에서 말하고자 하는 바는 이런 일이 절대 불가능하다는 것이 아니라, 비트코인도 하나의 블록체인에서 발행되고 거래되는 암호화폐의 한 종류이자 이름일 뿐, 그것이 다른 암호화폐를 포함하는 대분류 및 카테고리(Category) 명칭이 아니라는 것이다.

따라서 앞서 질문인 'ㅇㅇ코인은 비트코인인가?'는 '원화는 달러화인가?'라고 묻는 것과 같다. 질문을 바꿔 '원화는 화폐인가?'가 맞다. 블록체인 세계에 적용해 '이더는 암호화폐인가?'로 물으면 정확해진다.

그런데 이런 질문이 있을 수밖에 없는 이유가 있다. 암호화폐의 종류는 약 10,000개[31]에 달할 만큼 너무나도 많아 혼란스럽기 때문이다. 필자가 이 책에 정확한 숫자를 보여주기 위해 확인하는 과정 중에도 날마다 백 단위로 증가하고 있을 정도였다. 블록체인과 암호화폐가 새롭게 등장할 때마다 많은 정보가 쏟아지니 사람들 입장에서는 '이건 뭐고, 저건 뭔지' 헷갈릴 수밖에 없다.

■ 누구나 발행하는 암호화폐(Crypto Currency)

이 많은 암호화폐들은 모두 별도의 블록체인 위에서 동작하고 있는 것일까? 맞다. 그런데 어떻게 이렇게 많을 수 있을까?

이쯤에서 다시 상기할 필요가 있다. 블록체인은 프로그램이다. 결국 코드(Code)로 이루어진 것이다. 이미 생성된 코드 중에서 공개된 것을 복사해서 조금 바꾸는 것으로도 새로운 블록체인과 암호화폐를 탄생시킬 수 있다.

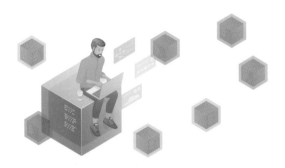

누구나 발행할 수 있다고 할 순 없지만, 못할 것도 없다.

---

31 총 암호화폐 수 9,756개(출처 : CoinMarketCap, 기준 : 2021. 5. 13)

또는 새로운 암호화폐를 발행하는 블록체인을 만들어주는 프로그램을 이용할 수도 있다. '나만의 블록체인 만들기' 같은 프로그램도 존재한다. 여기서 알아둬야 하는 점은, 단순히 만들어진 것만으로 가치 있는 것은 아니라는 점이다.

각 블록체인은 특정 서비스를 위해 만들어진다. 예를 들어 비트코인 블록체인은 중앙은행과 시중 은행의 역할을 대체하고자 만들어졌다. 그래서 비트코인이 화폐의 대체 가능성을 가졌다고 말하는 것이다.

달리 말하면 각각의 블록체인과 암호화폐는 우리가 아는 그 화폐의 역할을 하지 않을 수도 있다. 예를 들어 한 블록체인은 다양한 대형마트의 적립 포인트를 관리하고 서로 교환하여 사용하기 편하도록 만들어주는 적립금 관리 서비스를 대체하려고 만들어질 수도 있다. 이 블록체인에서의 암호화폐는 기술적 분류상 암호화폐일 뿐 실제로는 적립 포인트의 역할을 한다.

그래서 그렇게 수많은 블록체인과 암호화폐가 존재하는 것이다. 모두가 원화 같은 화폐의 역할을 하려고 만들어지는 것이 아니다.

그럼 이제 화폐 말고 '화폐처럼 사용할 수 있는 것'이라고 범위를 넓혀 생각해보자. 어디서나 사용할 수는 없어도 특정 상황, 장소나 서비스에서는 화폐처럼 사용할 수 있는 것들은 무엇이 있을까? 다르게 말해, 암호화폐로 만들 수도 있는 것은 무엇이 있을까?

■ 상품권

첫째로 상품권[32]이 있다. 문화상품권, 백화점 상품권, 지역 상품권 같은 것이다. 이것들은 특정 회사나 공간 내에서 사용할 수 있도록 만들어져 있다. 10,000원짜리 상품권이면 10,000원 현금과 같이 사용할 수 있지만 제

---

32 상품권은 사실상 유가증권이다. 유가증권은 화폐는 아니지만 재산적 가치가 있는 증서를 말한다. 이런 역할을 수행할 수 있는 것만 해도 재산적 가치를 갖는 목표를 달성하는 것으로 볼 수 있다.

한이 있다. 보통 돈을 주되 사용처를 제한할 필요가 있는 경우에 사용된다. 또는 선물같이 현금을 그냥 주는 것은 내키지 않을 때나 다른 의미를 부여할 때 이용한다. 도서상품권은 책을 보는 데 사용하라는 의미가 되는 것처럼 말이다. 이처럼 상품권은 '화폐처럼'이란 말이 붙을 수 있다.

암호화폐가 화폐처럼 사용되는 것을 가장 빠르게 볼 수 있는 부분이기도 하다. 예를 들어 지역 상품권의 역할로 암호화폐가 발행되는 경우를 상상해보자. 특정 지역에서는 세금 납부, 공공 서비스 이용, 일부 지역 마트 및 시장 이용 시에 할인 혜택이 있는 상품권을 암호화폐 형태로 발행한다. 이 암호화폐 결제를 받는 곳은 블록체인 시스템을 함께 사용하고 있고, 지역민이 이 암호화폐로 결제하고 싶으면 애플리케이션이 설치된 스마트폰을 통해 결제하면 된다. 지역 상품권 형태는 지방 정부에서 해당 지역 경제 활성화에 집중시킬 수 있으므로 종종 활용되는 형태다.

실제로 지역 상품권 형태는 '지역화폐'라고 부르며, 지역화폐 전용 카드를 발급하거나 간편결제 서비스를 이용해 발행되는 경우[33]도 있다.

■ 마일리지(Mileage)

마일리지, 적립 포인트도 특정 조건에서 사용되는 화폐 같은 것이다.

33 「대전 지역화폐 출시 1주년 '온통세일' 개막…결제액 15% 캐시백」 한국경제, 2021. 5. 14

둘째로 마일리지(Mileage)[34] 같이 상품 및 서비스 이용에 대한 보상으로 주어지는 점수 및 적립금, 적립 포인트가 있다. 적립 포인트는 특정 서비스를 사용하면 주어지는 형태이기 때문에, 고객이 계속해서 해당 서비스만 찾도록 만드는 효과가 있다.

예를 들어 대형마트 A와 B가 있을 때 A는 구매금액의 5%를 적립 포인트로 제공한다. 이 적립 포인트는 A마트의 상품을 구매하는 데 사용할 수 있다. 그럼 한 달 동안 100만 원 어치의 장보기를 했다면, 5만 원 상당의 물건을 추가로 살 수 있다. 여기에 더해 해당 적립 포인트를 A마트 인근의 미용실, 커피숍에서도 상품 및 서비스를 이용하는 데 사용할 수 있다면? 사람들은 대형마트 A와 B가 똑같은 물건을 팔더라도, A마트로 장을 보러 갈 확률이 높다. 100만 원의 구매력으로 105만 원의 상품 및 서비스를 사용할 수 있는 기회를 받기 때문이다.

이때 A마트는 마일리지를 암호화폐 형태로 발행할 수도 있다. 고객은 A마트에서 물건을 산 금액의 일정 비율로 암호화폐를 받고, 마트 내에서 현금처럼 사용할 수 있게 정책적으로 지원된다. 또한 인근 미용실, 커피숍 제휴도 가능하다. 제휴 업체에 암호화폐 결제를 받을 수 있는 애플리케이션 설치를 하도록 하면 된다.

이런 환경에서 만약 고객 간에 A마트 암호화폐를 거래할 수 있게 애플리케이션 기능을 제공한다면? 당장 암호화폐를 A마트에서 쓸 일이 없는 고객은 다른 고객에게 현금을 받고 암호화폐를 판매할 것이다. 환전처럼 말이다. 그러면 자연스럽게 A마트의 대중성에 따라 A마트 암호화폐가 화폐처럼 기능하게 될 수도 있다.

---

34 마일리지는 본래 항공사에서 항공 서비스를 이용한 승객들에게 이용 거리(Mile)에 따라 주는 점수를 말한다. 이 점수는 항공사 내 서비스에 사용할 수 있었고, 이후 여러 서비스에도 사용될 수 있게 확대되었다. 마일리지 제도가 항공사 외에도 사용되면서 상품 및 서비스 이용에 대한 점수 및 적립금을 마일리지라고 부르게 되었다.

■ 증권

셋째로 주식, 채권 같은 증권들이 있다. 쉽게 말하면 '금전적 가치를 갖는 계약서'이다. 계약서이긴 하지만, 오늘날에는 정보통신기술의 발달로 컴퓨터 또는 스마트폰을 통해 거래만 하니 주식과 채권을 종이로 된 실물로 본 적 없는 사람들도 많을 수 있다.

구 소련의 국가 채권 모습처럼 증권은 실물이 있다.

증권은 본래 눈으로 보고 만질 수 있는 종이로 존재한다. 오늘날에는 보관은 담당 기관[35]에서 하지만 사람들이 컴퓨터를 통해 거래하면 해당 증권의 소유자만 바꿔주는 것이 간편하므로 실물을 볼 일이 없다. 어쨌든 실물 종이의 존재를 알면, 증권도 지폐 같은 모습을 떠올려 '화폐 같다'는 이미지를 갖기 조금 더 수월할 것이다.

증권은 누군가의 권리와 의무가 적힌 증서이고, 그렇기 때문에 한 장 한 장이 가치를 가지고 가격을 갖는다. 증권에는 주식과 채권이 속하는데, 단적으로 주식을 소유하면 회사의 경영에 참여할 권리를 갖는다. 회사가 번 돈을 분배할 경우 그 돈을 받을 수 있는 권리도 있어 가치를 갖는다.

증서의 현재 가격이 표면에 써 있다고 상상해보라. 화폐 같지 않은가? 다만, 현재 가격이란 것이 확정되어 있지 않고 계속해서 변동하기 때문에 써

35 한국의 경우 한국예탁결제원(KSD)인데, 별도로 보관을 맡긴다면 금융회사에서 보관하는 경우도 있다.

놓을 수 없을 뿐이다. 상대가 별로 가지고 싶지 않은 증서이면 거래가 성립되지 않기 때문에 현금 같이 사용할 수는 없다. 그러나 그 증서를 가지고 싶어하는 사람들 사이에서는 '증서를 내밀면 그에 상응하는 돈 또는 다른 것'을 받을 수 있는 종이다. 조금이나마 화폐처럼 느껴지는 부분이 있다.

암호화폐는 이 역할을 하는 경우도 있다. 예를 들면 어떤 회사 A가 성장할 때 투자를 받고, 그 투자를 얼마나 했는가에 따라서 1년마다 회사 A가 버는 돈을 약속한 비율만큼 분배하는 역할의 블록체인이 있다고 하자. 이 블록체인은 회사 A에 투자한 사람들에게 1억을 투자했으면 1억 개의 암호화폐 B를 주기로 한다. 9억을 투자해주었다면 암호화폐 B를 9억 개 준다. 그리고 계약하는 것이다. 회사 A가 매년 최종적으로 남긴 수익의 5%를 분배하는데, 암호화폐 B를 가진 비중만큼 준다고 말이다. 즉, 암호화폐 B가 세상에 총 10억 개 존재한다면 1억 개를 가진 사람에게는 수익의 10%, 9억 개를 가진 사람에게는 90%로 나눠주는 것이다.[36]

즉, 투자 및 수익분배 장부 시스템이 된다. 암호화폐를 '향후 수익을 분배 받기로 하는 계약 문서(수익 증권)'로써 활용한 것이다. 블록체인은 그 계약 내용대로 관리하고 자동화하는 역할을 이행한다.

■ 가상화폐(Digital Currency)

마지막으로 컴퓨터 게임 속 화폐, 게임 머니(Game Money)로 많이 알려진 가상화폐 형태가 있다. 문자 그대로 이해하는 것이 가장 쉽다. 컴퓨터, 스마트폰 속 가상세계에서 만들어져 사용되는 화폐이다.

이때 게임만이 아니라 온라인 서비스, 애플리케이션에서 화폐처럼 사용하기 위해서 실제 돈으로 결제하는 서비스 내 가상화폐들도 여기에 속한다.

---

36 이런 암호화폐를 증권과 다름없다고 보아 '증권형 토큰(Security Token)'으로 규정한다. 일반적인 금융시장에서 발행 및 거래되는 증권의 역할을 한다고 보고, 금융시장과 관련된 법(한국의 경우, '자본시장과 금융투자업에 관한 법률')의 영향을 받을 수 있다.

실제 화폐는 아니지만 특정(가상)세계에서 화폐처럼 사용된다.

쉽게 생각해보자. 서비스 C에서 상품을 구매하려면 매번 카드번호를 입력하기 귀찮아서 선결제를 하는 경우가 있다. 미리 결제한 돈 50,000원은 서비스 C 화면상에 50,000원 또는 서비스상에서 사용되는 별칭[37]으로 불린다. 이것은 사실 실제 현금이 아니다. 여러분이 결제한 돈은 이제 서비스 C를 운영하는 회사 소유가 된다. 계정에 표시되는 금액은 숫자에 불과하다. 계좌에 별도로 보관되는 현금이 아니기 때문이다.

해당 서비스 내에서만 소비될 수 있는 가상의 숫자, 가상화폐를 돈을 주고 산 것과 같다. 이런 가상화폐의 역할은 암호화폐가 대신할 수도 있다.

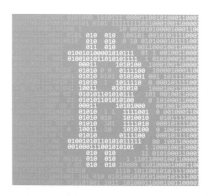

암호화폐도 디지털로 이루어진 화폐이니 디지털 가상화폐에 속한다.

---

37 싸이월드(Cyworld)의 도토리, 네이버 웹툰(Naver Webtoon)의 쿠키 및 게임 내 재화를 돈으로 구매 가능한 게임 속 화폐 단위명(온라인게임 리니지, 로스트아크의 각각 아덴, 골드 등)이다.

그런데 사실 가상화폐는 암호화폐의 상위 분류다. 왜냐하면 암호화폐가 결국 블록체인 시스템이라는 디지털(Digital, 가상) 환경에서 발행 및 관리되는 가상으로 이루어진 화폐이기 때문이다. 블록체인이라는 특수한 구조에서 암호화와 함께 발행 및 관리되는 가상화폐만 암호화폐라고 부르는 것뿐이다.

그러니 어떤 서비스 또는 게임 내의 화폐 관리 시스템을 블록체인으로 바꾼다면 기존 가상화폐의 역할을 암호화폐가 해낼 수 있는 것은 당연한 이야기다. 그럴 필요가 있느냐는 별개의 문제지만 말이다.[38]

핵심은 암호화폐가 맡을 수 있는 역할 중 하나가 현재 가상화폐의 역할이라는 것이다. 그러니 세상에 다양한 게임이 출시되고 사람들이 즐길 수 있듯이, 새로운 게임이 나오는 수만큼이나 새로운 이름의 암호화폐가 등장하는 것도 이상한 일은 아니다.

여기까지 실제로 우리가 살아가면서 만날 수 있는 화폐는 아니지만 화폐처럼 일부 사용할 수 있는 종류를 나열했다.

이전까지 암암호화폐로 부르든 코인으로 부르든 화폐 또는 동전이란 단어가 이름에 들어가다 보니 그 엄청난 종류의 암호화폐가 이질적으로 느껴졌을 것이다. '아무나 많이 찍어낼 수 있는 화폐라니?' 하고 말이다. 이제는 알겠지만, 이름만 그럴 뿐 정확히 우리가 아는 그 화폐 역할만을 맡기위해 만들어진 건 아니다. 그 비슷한 역할[39]을 하는 모든 곳에서 쓰일 수 있다.

---

38 예를 들어, 게임의 본질은 사용자에게 재미를 주는 것이다. 그런데 블록체인으로 게임 내 화폐를 발행 및 관리한다고 하자. 화폐가 발행 및 관리되는 방식과 연관된 모든 부분이 쉽게 수정될 수 없게 되고, 블록체인의 단점 중 하나인 상대적으로 느린 거래 속도 문제를 겪을 수도 있다. 게임의 재미를 위해서 게임 속 화폐의 조절이 필요할 때 기민하게 이 부분을 수정할 수 없게 된다. 게임 속 화폐가 실제 화폐와 같이 관리되는 것이 재미인 게임이라면 상관없지만, 게임 속 화폐가 작은 요소일 뿐인 게임은 서비스 운영이 어려워진다.

39 화폐와 비슷한 것이라는 개념에서, 이전 참조에서 언급한 '유가증권'에 속하는 역할은 암호화폐가 도전해볼 대상이다. 관심이 있다면 유가증권의 종류를 찾아보길 바란다.

■ 기존 화폐의 가치

블록체인에서 보상으로 주어지는 암호화폐는 어떻게 가치를 가질까? 애초에 원화, 달러화 같은 기존 화폐는 사람들이 어떻게 믿고 사용하는지 간단히 알아보자.

첫째, 사회 안에서 쉽게 통용되어야 한다. 아르바이트를 하고 10,000원짜리 지폐 10장을 받고, 이 종이 쪼가리가 무슨 가치가 있냐며 되물을 필요가 없어야 한다. 그 지폐 10장이 의식주를 해결하고 기타 생필품을 사는 데쉽게 사용될 수 있다는 믿음이 사회 전반에 있어야 한다.

오늘날의 화폐는 굉장히 오랜 시간 이 신뢰가 쌓였다. 처음부터 지금 형태의 화폐가 등장해서 신뢰가 쌓인 것이 아니다. 화폐 개념이 없던 물물교환 시대 이후, 최초에는 그것 자체로 가치가 있는 귀금속인 금(金, Gold)이화폐처럼 사용되었다.

| 물물 교환 | 귀금속 | 주화 | 지폐 |

오늘날 화폐의 등장 과정

하지만 무게가 상당해 소지하고 다니기 위험했으며, 공간을 차지해 곤란했다. 그래서 보관소가 생겼다. 이 보관소에 맡겨두면 증서를 줬다. 이 증서를 보관소에 가져오면 해당하는 양만큼 금을 꺼내 줬다. 그러니 금으로만든 돈인 금화 100개로 사야 되는 물건이면 물건을 파는 사람에게 금화100개로 교환해주는 증서를 대신 지불하기 시작했다. 표시된 양만큼의 금을 100% 주기로 되어 있는 증서인 셈이다.

처음에는 바로 증서를 보관소에 가져가 금으로 교환했을 것이다. 그런데 세월이 흐르며 보관소에 금은 당연히 있을 것이고, 가지고 있는 증서로 곧장 다른 사람이랑 또 거래하면 편하니 증서만 사람들 사이를 오가는 경우가 늘어났다.

마침내 증서 그 자체로 어디서든 거래가 되니, 증서에 쓰인 금액 100% 모두 금으로 교환되지 않고 사용하기 시작했다. 100% 금으로 교환되는 문제가 아니라, 당장 먹을 걸 사는 데 문제가 없는 증서이니까 말이다. 이게 금본위제도[40]와 오늘날 화폐의 출발점이다.

반드시 이런 과정으로는 아니더라도, 결국 한 장의 지폐가 절대 다수에게 통용된다는 사실이 필요하다.

둘째, 화폐의 가치를 보호해줄 것이란 믿음이다. 누가 보호해준다고 믿을까? 국가다. 국가는 국민이 낸 세금을 활용해 여러 가지 시스템을 보호하고 유지하는데, 화폐의 가치를 지키는 것도 포함한다. 약간의 가치 변동은 있을지라도 급격한 가치 상실은 막기 위해 국가가 노력한다.

우선 위조 지폐가 쉽게 등장할 수 없도록 한다. 화폐는 어느 국가의 것이든 위조 방지 기술이 도입되어 있다. 빛에 비춰보면 나타나는 숨겨진 그림뿐만 아니라, 각종 특수 도료, 일련번호를 통해서 화폐가 위조할 수 없게 만든다. 위조가 쉽게 되면 시장에 돈이 넘쳐날 테고, 화폐의 가치는 폭락하기 때문이다.

또한 국가는 화폐를 함부로 다루지 못하게 제재 수단을 갖는다. 범죄집단이 화폐의 위조에 성공하더라도, 화폐의 가치를 해치는 다른 행위를 포함해서 이런 행위를 한 사람들을 제약할 수단을 가지고 있는 것이다.

---

40 금본위제도(金本位制度, Gold Standard)는 미국 기준 1971년 종료된 제도로, 화폐의 가치를 일정 비율의 금으로 보증하는 제도다. 화폐 가치를 100% 금으로 보증한다면 만 원 화폐는 만 원 어치의 금으로 국가가 지정기관에서 교환해준다는 것이다. 이 비율은 계속해서 줄어들었고 금으로 보증하지 않아도 사람들은 화폐의 가치를 믿고 사용했다.

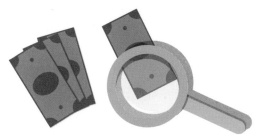
강력한 위조 화폐 방지는 매우 중요하다.

죄를 묻는 형법에 근거해 경찰을 투입하여 이들을 체포하고 엄벌하는 것이다. 위조를 하지 않더라도 준비하거나 모의하는 행위로도 엄벌에 처해진다. 더불어 우리나라의 경우 한국은행법에 의해 화폐를 훼손하는 행위도 제재 대상이 된다.[41]

화폐 가치를 보호하기 위해 국가가 얼마나 신경 쓰는지 알 수 있는 부분들이다.

국민은 이를 믿고 화폐를 쓴다. 일개 범죄집단의 대량 위조로 당장 내일 화폐의 가치가 크게 떨어질 수 있다면 누가 화폐를 쓰겠는가? 우리는 화폐 가치를 보호하는 국가 시스템을 믿는다.

■ 암호화폐의 가치 ① : 기본

암호화폐가 마치 기존 화폐처럼 가치를 가지고 이용될 가능성이 있는지 보기 위해 두 가지를 다시 떠올리자.

첫째, 많은 사람들이 믿고 화폐로써 사용해야 한다. 투자 대상으로 투자가 활발한 것이 아니라, 화폐로써 사용되어야 한다는 말이다. 둘째, 화폐 가치가 함부로 요동치지 않도록 시스템이 보호한다.

블록체인 구조를 통해서 위/변조 방지 부분은 인정받을 수 있다. 그러나 한 국가 국민에 필적하는 사람들이 가치가 크게 흔들리지 않는 화폐로써

---

41 형법 제18장 통화에 관한 죄, 제207조(통화의 위조 등) 및 한국은행법 제53조의2(주화의 훼손금지)

믿고 사용할 수 있는가 하는 부분에는, '화폐로 이용되는 양의 증가'와 '신뢰가 쌓이는 상당한 시간'이 필요하다.

최초 과제는, 적지 않은 사람들이 어떤 이유에서건 암호화폐를 사기 시작하는 것이다. 얼리 어답터[42]라서 또는 호기심이든 투자든 이유는 상관없다. 그러고 나서 종종 암호화폐로 결제를 받는 곳들이 등장하고 증가한다. 의구심은 있더라도 화폐로 사용하는 사람이 점점 늘어나고, 이것이 꾸준히 지속되어야 한다. 각 단계는 단순해 보인다. 그러나 화폐로 이용된다는 신뢰가 쌓여야 하는 부분이므로 반드시 필요하다.

'남들 다 쓰니까, 나도 믿고 쓴다'는 생각은 중요하다.

이렇게 생각하면 새롭게 발행되는 암호화폐들이 기존 화폐만큼 인정받는 길은 간단해 보이지 않는다. 세간에 화제가 된 2017년부터 2021년까지도 그만큼 화폐로써 이용되고 있는가 하는 부분에는 고개를 갸우뚱할 수밖에 없기 때문이다. 사회적인 신뢰를 필요로 하는 것이다 보니 상당한 시간과 변화가 동반되어야 한다.[43]

---

42 얼리 어답터(Early Adopter)는 신제품을 빨리 구매하고 이용하고자 하는 소비자를 가리키는 표현이다.

43 2021년 6월 8일, 국가 엘살바도르(El Salvador)는 비트코인을 자국 법정화폐로 최초 인정했다. 엘살바도르는 인구 약 650만, 기존 법정화폐로는 미국 달러를 사용하는 중앙아메리카에 위치한 국가다. 해당 인구수가 화폐 이용하는 것으로써 암호화폐 이용의 시발점으로 의미가 있다. 그러나 미국 달러를 대체하는 것이 아니라 함께 법정화폐 인정하는 것이며, 화폐로써 잘 쓰일 것인지는 지켜봐야 할 문제로 거론되었다.

디지털 시대에 살아남는 IT 지식

반대로 생각하면 암호화폐를 발행하자마자 절대 다수의 사람들에게 이용될 수 있다면, 기존 화폐의 지위를 단기간에 노려볼 수도 있다는 뜻이 된다. 위/변조 방지와 보안은 블록체인 구조와 보안 기술력으로 해결되니 말이다.

실제로 소셜네트워크서비스(SNS)로 유명한 글로벌기업 페이스북(Facebook)의 암호화폐 디엠(Diem)[44]이 좋은 예이다. 페이스북이 보유한 서비스 대상으로 암호화폐 이용자를 확보할 경우, 발행하는 순간 약 20억 명이 해당 암호화폐 이용 대상자로 예상됐다. 2020년 기준 한국 인구(약 5,182만 명)의 약 38배나 되는 엄청난 숫자다. 그러다 보니 많은 국가들이 무분별한 화폐 발행이 되지 않도록 제재가 필요하다고 입을 모았다.

시중에 화폐가 많고 적음을 조절하는 방식으로 세계 국가들은 각종 경제 정책을 펼쳐 경제 상황에 대응한다. 그런데 기업은 자신의 매출 증대를 최우선 가치로 행동하기 때문에, 국가와는 본질적으로 행동 원리가 다르다. 때문에 기업이 조절하는 화폐가 세계적으로 큰 영향력을 갖게 되면, 세계 경제에 예상 불가능한 방향으로 영향을 미칠 가능성이 있다는 주장이 있다. 반대로 말하면 그만큼 화폐로 인정 받는다는 뜻이다.

■ 암호화폐의 가치 ② : 다양한 가치 획득 방식

암호화폐는 기존 화폐가 되기엔 갈 길이 머니 무가치한 기술일까? 그렇지 않다. 앞서 말했듯 마일리지, 상품권, 증권, 가상화폐 등으로 역할을 할 수 있다. 애초에 그것을 목표로 발행되는 것들도 있다. 즉, 화폐만큼은 아니더라도 가치를 얻을 수 있다. 그렇게 사용되다 보면 화폐가 될 가능성도 있다. 또다른 가치를 획득하는 방법은 크게 두 가지로 볼 수 있다.

---

44 초기 명칭은 리브라(Libra)이다.

서비스에 줄을 섰다면, 그 마일리지는 당연히 이용할 것 아닌가?

첫째로 서비스가 잘 되는 것이다. 페이스북의 경우 국가들도 위협적으로 생각한 이유가 뭘까? 서비스를 이용하는 사람이 많으니 당연히 그들의 암호화폐도 이용할 거라고 여긴 것이다.

즉, 암호화폐가 어떤 기술을 사용해 유통되는 것보다, 암호화폐를 사용할 해당 서비스의 사용자가 충분한지가 암호화폐의 성공 요인이 된다. 본질적으로 서비스가 사용자를 많이 끌어올 만큼 좋은 것이, 암호화폐의 기술적 완성도보다 중요할 수 있다.

둘째로 이미 가치를 가지고 있는 현실의 자산과 연결하는 것이다. 예를 들어 암호화폐 A는 1달러의 가치와 같도록 구조적으로 만들어준다.

이 서비스를 만드는 기업이 암호화폐 A를 한 개 발행할 때마다 1달러를 금고에 보관하면 된다. 고객이 원한다면 암호화폐 A로 달러를 찾아갈 수 있도록 해준다. 꼭 달러일 필요는 없다. 반드시 일 대 일 비율로 교환해줘야 하는 것도 아니다. 이미 가치를 안정적으로 인정받는 특정 자산과 가치가 연동되어 있다고 믿을 수 있게 만들어주는 시스템을 갖춰야 한다. 이런 효과를 만들어내는 것으로, 전문 용어로는 페깅(Pegging)[45]이라고 부른다.

---

45 다른 자산의 가치로 해당 자산의 가치를 안정화(Stable)시키는 방법이다. 이런 구조를 적용한 암호화폐는 스테이블 코인(Stable Coin)의 한 종류로 불린다. 기존 금융시장에서는 가치를 보증하는 다른 자산이 뒤에 있다는 의미에서 'Asset-backed'를 붙이며, 이런 상품들은 유사한 구조다.

이 경우는 '미국 달러를 페깅시킨' 암호화폐가 되는 것이다.

결론적으로 암호화폐는 목적에 따라 다양하게 가치를 획득할 수 있고 활용될 수 있다. 따라서 화폐 또는 코인이라는 이름에 갇히기보다는, 어떤 서비스에서 활용되고자 만들어진 것인지, 그리고 그렇게 사용되고 있는지에 집중해서 '안정적으로 가치가 인정될지' 살펴볼 필요가 있다.

■ 중앙은행 디지털 화폐(CBDC, Central Bank Digital Currency)의 등장

중앙은행 디지털 화폐(이하 CBDC)란 단어는 약어 'CBDC'로 한 번쯤 봤을 수 있다. 이것은 가치를 획득한 암호화폐를 만드는 가장 강력한 방법이지만, 누구나 할 수 있는 것은 아니다. 이름에서 보이는 것처럼 국가의 중앙은행이 발행하는 방법이기 때문이다.

여기서 중앙은행이란 각 국가에서 화폐를 얼마나 찍어낼 것인지 결정하는 역할을 하는 곳이다. 한국의 한국은행, 유럽의 유럽중앙은행(ECB, European Central Bank), 미국의 연방준비제도(Federal Reserve System, 약칭 '연준')를 말한다.

CBDC는 기존 화폐(원화, 유로화, 달러화 등)를 발행하는 곳(중앙은행)에서 그 기존 화폐를 애초에 디지털 화폐로 발행하는 것이다. 종이 화폐를 찍어내지 않고 바로 디지털 형태로 발행하여 필요한 곳에 제공한다는 의미다.

CBDC는 처음부터 지폐 대신 디지털로 발행한다.

즉, 기술적인 문제가 없다면 기존 화폐의 신뢰와 가치를 똑같이 갖는 디지털 화폐가 된다. 디지털 원화, 디지털 달러화, 디지털 유로화 등이 나타나는 것이다. 의문점 두 가지를 해소하면 더욱 선명하게 이해될 수 있다.

첫 번째, 우리는 이미 컴퓨터와 스마트폰을 통해서 돈을 디지털 환경에서 사용하고 있다. 이것과 무엇이 다를까?

중앙은행이 디지털 화폐를 발행한다는 것의 의의는 발행 단계에서부터 지폐를 만들지 않는다는 데 있다. 오로지 전산상으로만 존재하는 화폐가 만들어진다는 의미다. 따라서 화폐를 제작하는 데 들어가는 비용, 실물을 관리하는 데 들어가는 비용이 줄어들 가능성이 있다.

그러나 한국과 미국을 포함해, 이미 스마트폰을 이용해 돈을 사용하는 것에 익숙한 국민들은 디지털 화폐 발행에 따라서 실생활의 변화를 느끼지 못할 수도 있다. 지폐가 은행 금고에 존재하긴 하지만, 우리는 지폐 없이 돈을 사용하는 것에 익숙해졌기 때문이다.

두 번째, 중앙은행은 반드시 디지털 화폐를 사용해야만 하는가?

장기적으로는 그럴 수 있지만 단기적으로는 급할 것 없다는 입장도 있다. 국가마다 차이가 있다. 화폐를 실제로 사용하는 국민 입장에서 이미 디지털 방식으로 거래하는 데 익숙한 국가는, CBDC가 삶의 큰 변화를 불러오는 것은 아니다. 눈에 보이지 않는 구조의 변화일 뿐이다.

또한 국가 입장도 있다. 현금이란 것은 국가 입장에서 '추적하기 어렵다'는 단점이 존재한다. 그런데 돈이 오고 가는 것을 잘 추적할 수 있는 시스템을 기존에 잘 마련한 국가는 급하지 않다. 발행되는 화폐의 일부를 디지털 화폐로 발행한다고 해서, 극적으로 추적하기 쉬워지는 것이 아니기 때문이다. 여기에는 어차피 총 발행량을 한 번에 CBDC 발행으로 바꾸는 것은 아니라는 현실적인 이유도 있다. 많은 실험을 거쳐야 하기 때문에, 실제 발행을 시작하더라도 총 발행량의 5%만 디지털 형태로 발행하는 등의 단계를 거칠 것이기 때문이다.

따라서 CBDC의 이용이 극적으로 안전성을 높이거나, 현금 추적의 어려움을 해소하거나, 국민들의 사용 편의성을 증진하는 효과가 없는 국가의 경우, 그것을 적용하는 데 소모될 비용을 생각했을 때 급할 것 없다는 입장을 보인다.

국가가 아닌 곳에서 화폐를 만들겠다는 이야기의 종점에, 국가가 기존 화폐를 디지털로 만드는 것에 대한 이야기를 다뤄봤다. 이야기의 핵심은 이것이다. 일상에서 당연하게 사용하고 있는 화폐와 경제 시스템도 정보기술의 발전에 큰 영향을 받는다는 것이다.

■ 대체 불가능 토큰(Non-fungible Token)

뉴스 또는 인터넷에서 CBDC에 이어 약어로 또 많이 알려진 대체 불가능 토큰(Non-fungible Token, 이하 NFT)이다. 쉽게 말하자면 디지털 세계에서 일련번호가 부여된 증서를 포함해 디지털 콘텐츠를 만드는 것과 같다.

일련번호를 부여하면 무슨 일이 벌어질까? 우리들이 사용하는 지폐에 일련번호가 적혀 있다. 한 종류의 지폐끼리, 예를 들어 만원권은 생김새가 당연히 다 똑같다. 그런데 적힌 일련번호는 다르다. 이것을 통해서 내가 가진 지폐와 상대가 가진 지폐가 생긴 것만 같은 다른 지폐라고 알 수 있다. 즉, 일련번호가 새겨지면 그것은 그 번호를 가진 유일한 것이 된다.

NFT는 디지털 세계에서 복사 후 붙여넣기만 하면 무한히 늘어날 수 있는 똑같은 정보에 일련번호가 된다. 똑같아 보이는 파일(File)이 서로 다른 것이 되도록 만드는 것이다. 예를 들어 게임 속에서 '갑옷 A'란 아이템이 있으면 다른 '갑옷 A'와 완전히 같은 정보로 이루어진 것이다. 그런데 이 '갑옷 A'를 NFT로 만들면 '일련번호 001이 새겨진 갑옷 A'는 '일련번호 002가 새겨진 갑옷 A'와는 서로 다른 갑옷이 되는 것과 같다.

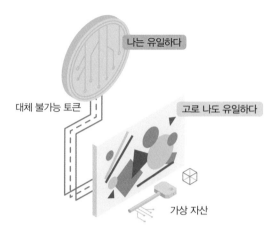

블록체인 위의 대체 불가능 토큰은 유일성을 만든다.

단, NFT는 블록체인 환경 위에서 사용되는 기술이다. 블록체인은 작성 및 보관하는 장부의 위/변조를 어렵게 하고 블록체인 참여자들이 공통적으로 장부 내용을 공유한다. 이런 환경에서 일련번호가 기록되어야 그것이 각각 유일한 번호이고, 사람 A에게서 B에게 이동했을 때 거래 사실을 모두가 인지하여 '유일한 어떤 것이 다른 곳으로 이동했다'는 사실을 공유하고 신뢰할 수 있기 때문이다.

NFT를 활용할 경우 디지털 콘텐츠(Digital Contents)가 갖기 힘들었던 유일성을 부여하는 것만이 아니라, 사용자들끼리 유일성을 믿을 수 있게 되는 것이다. 암호화폐처럼 말이다. 따라서 디지털 콘텐츠가 주류인 인터넷, 게임 그 외 다양한 컴퓨터 속 세계에서도 현실세계의 유일한 물건이 가치를 갖듯이 할 수 있다. 이것이 NFT의 의의다.

실제 사용 예로는 빅테크 기업 카카오의 블록체인 계열사 '그라운드X'[46]의 경우다.

---

46 「그라운드X, '클립' 통해 비상장주식 관리 서비스 제공」 이투데이, 2021. 2. 17

만약 당신이 회사의 임직원으로써 주식을 받은 것이 있고[47] 거대 기업이라면 주식을 관리하는 데 어려움이 없을 것이다. 그렇지 않은 회사인 경우에는 어렵다. 내가 회사 주식을 보유하고 있다는 사실을 타인에게 믿게 만들려면 실물 주식을 제시하거나 확인증을 보여주어야 한다.

그런데 이 증서들은 분실할 위험이 있다. 확인증도 분실하면 재발급에 비용이 들어간다. 그렇기에 이런 어려움을 타개하는 방법으로 그 증서를 NFT로 만들어 스마트폰에 저장하고, 타인에게 제시해 '내가 보유자'라는 것을 증명할 수 있도록 서비스를 만들기도 했다.

NFT로 만들었기 때문에 누가 어떤 주식의 소유자이며, 얼마나 가지고 있는지 나타내는 디지털 문서는 유일한 것이 된다. 그러므로 문서가 포함하는 일련번호를 확인하면 문서의 소유자가 이 사람이 맞다는 것을 스마트폰으로도 검증할 수 있다. 확인하는 절차란 NFT를 포함하고 있는 블록체인에서 제공하는 애플리케이션이 자동으로 해주기 때문에 상대방의 주식 보유 여부를 확인하고 신뢰할 수 있다.

다만, 알아두어야 할 점이 있다. 블록체인 환경 위에서 동작한다는 것은, 그 블록체인 환경을 공유하는 사람들끼리만 일련번호가 통용된다는 의미이기도 하다. 또한 NFT 그 자체가 법적인 의의를 갖는 것은 아니다. 내가 NFT를 소유해서 어떤 권리를 행사하고 싶다면, 그런 권리가 법적으로 내게 있는지 서비스 내에서 추가적으로 반드시 확인해야 한다. 예를 들어 NFT 미술품을 샀을 때, 실존하는 미술품을 구매했을 때와 동등한 권리를 갖는지 확인해볼 필요가 있다. 만약 아니라면 전시와 같이 법적으로 정해진 행위를 할 때 문제가 생길 수도 있기 때문이다.

---

47 보통 종이로 출력한 실물 주식을 주지 않는다. 관리 문제 때문인데, 이로 인해 '주권미발행확인서'라는 것을 준다. 실물 주식을 발행하지는 않았으나, 분명 주권은 이 사람에게 있다는 증서다. 본 사례에서도 이 주권미발행확인서를 NFT로 만들어 관리할 수 있게 해준 것이다.

일에 관한 정보

일터는 사람들이 하루의 절반 이상을 보내는 장소다. 업무상 정보를 다뤄야 하는 곳이기도 하지만, 그만큼 많은 정보가 만들어지기도 하는 곳이다. 일터에 컴퓨터가 없다고 정보와 무관하지 않다. 컴퓨터를 만지지 않아도, 고객이 계산하는 금액부터 방문객 수를 포함해 일하는 시간과 비용 그리고 상품의 상태와 가격까지 모든 것이 정보다. 우리가 인식하지 못하는 사이에도 정보가 발생하고 어딘가 저장되며 쓰인다. 누군가 그것으로부터 고객을 파악하고 있을 수도 있다.

결국 일터에서 쏟아지며 스쳐 지나가는 이 정보들을 어떻게 대하는가에 따라서 일을 잘 할 수 있다. 사명감 또는 성취욕만의 이야기가 아니다. 그저 생계를 위해 돈을 벌더라도, 정보를 잘 다뤄서 일을 더 낫게 하면 연봉에 변화가 생기거나 시간을 벌 수 있다.

일터에서 우리에게 영향을 주는 정보기술 용어는 무엇이 있을까?

프로그래밍(Programming)

영향

　오늘날 우리들의 일터에서 빠르게 많은 정보를 다루는 일은 컴퓨터를 통한다. 이때 보다 입맛에 맞게 컴퓨터에게 명령을 내리는 방법이 바로 프로그래밍이다. 프로그래밍이 등장한 지는 오래되었지만, 컴퓨터를 이용해 정보를 다루는 일이 보편화되면서 그 영향력뿐만 아니라, 그것을 다룰 수 있는지 없는지에 의한 영향도 갈수록 커지고 있다.

당신의 정보기술이자, 당신을 활용하는 정보기술의 예시

자세히 알아보기

　프로그래밍(Programming)은 관련 전공자, 종사자를 제외하고는 어렴풋이 느낌만 알고 있는 용어다. 하지만 분명하게 개념을 이해함으로써 막연히 나와 관계없는 일이라고 여겼던 생각을 버리고, 가볍게 접근할 수 있다.

　프로그래밍은 프로그램(Program)을 만드는 일을 말한다. 프로그램은 정해 놓은 행동을 뜻한다. 그렇다면 컴퓨터 프로그램은? 컴퓨터가 할 일을 정해놓았다는 뜻이다.

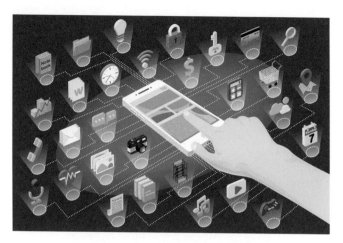

프로그램(Program)은 실행되면 정해진 동작을 한다.

이때 프로그램을 만들기 위해서 사용되는 것이 코드(Code)고, 코드를 의미있게 적어내려 가는 것을 코딩(Coding)이라고 한다. 그렇다면 코딩과 프로그래밍의 차이는 무엇일까?

■ 코딩

하루 일과에 대한 계획을 시간표로 짤 때를 예를 들어보자. 이 계획표에 내용을 적을 때 문자를 사용한다. 계획표를 따라야 할 사람이 한국인이라면 한글로 적고, 미국인이라면 알파벳으로 적는다. 또한 의미 없이 문자를 늘어놓는 것이 아니라, 의미가 되도록 문법을 지켜 단어를 사용하고 문장을 구성한다. 그래야 계획표 내용을 읽고 의미를 이해할 수 있기 때문이다. 작성하는 것만이 아니고 이후 누군가 읽을 것을 염두에 둔다.

코딩은 컴퓨터의 언어로 컴퓨터에게 말해주는 것

결국 특정 언어를 선택하고 문자를 나열하는 이유는, 읽고 이해하기 위해서다. 내가 상대방에게 하고자 하는 말을 상대방이 이해할 수 있는 언어로 적는 것, 그 상대방이 컴퓨터인 것, 이것이 바로 코딩이다.

이때 '컴퓨터가 이해할 수 있는 언어'가 프로그래밍 언어다. 사람으로 치면 한국어, 영어, 프랑스어 같은 '언어'를 말한다. 컴퓨터는 사람의 언어를 이해할 수 없다. 그러니 컴퓨터의 언어인 프로그래밍 언어[48] 중에서 하나를 골라 사용해야 한다.

참고로 컴퓨터가 이해할 수 있는 언어와 반대되는 개념으로 사람이 사용하는 언어는 '자연어(Natural Language)'라 부른다. 컴퓨터 기준으로 그냥 '언어'는 프로그래밍 언어이다.

---

48 C, C#, Python, R 등이 프로그래밍 언어의 한 종류다.

■ 프로그래밍

　계획표를 읽고 따를 사람이 알고 있는 언어로 내가 종이 위에 마구잡이로 적기만 하면 그것이 '계획표를 짜는 것'이라고 할 수 있을까? 단순히 문자를 적는 것만으로 계획표를 짜는 일을 할 수 없다.

　무얼 언제 하는 것이 좋은지, 계획을 따르는 사람에게 긍정적인 영향을 미치는 계획은 무엇인지, 계획표대로 되지 않을 때 어떻게 대처해야 하는지 등을 생각하는 것 모두 계획표를 짠다는 일의 일부다.

　프로그래밍은 컴퓨터가 따라야 할 계획표를 짜면서 완성도와 안정성을 높이기 위해 고민하고 관리하는 과정까지 모두 포함한 개념이다. 프로그래밍 언어를 적는 것 이상으로 프로그램이 효율적으로 동작하는 방법을 모색하고, 동작하던 프로그램에서 문제 발생 시 대처하는 법까지 고려하는 것이다.

프로그래밍은 프로그램을 만들며 전과정을 고민, 관리하는 것

▪ '엄청난 것을 만들라'는 없다

일상생활 속에서는 코딩과 프로그래밍을 명확하게 구분 짓지 않는 경우도 많다. 그러므로 반드시 코딩과 프로그래밍을 엄격하게 나누어 지칭해야 하는 것은 아니다.

앞서 살핀 두 용어의 핵심은 간단하다. 첫째, 컴퓨터가 이해할 수 있는 언어를 다루는 것(코딩), 둘째, 컴퓨터가 명령한 내용을 원활하게 따를 수 있도록 명령하고 관리해주는 것(프로그래밍)이다.

이 핵심 안에 '대규모 프로젝트로써 프로그램을 만드는 것만이 프로그래밍 또는 코딩이다'라는 정의는 없다. 예를 들어 대작 애플리케이션, 웹서비스, 게임과 같은 것을 만들 때만 프로그래밍이라고 하지 않는다. 가장 난이도가 높은 프로그래밍 언어를 다루어 컴퓨터와 대화하는 것만 코딩이라고 하는 것도 아니다.

우리가 컴퓨터에게 요청하고 싶은 명령과 부수적으로 고려해야 할 것을 생각해서 프로그램을 작성하는 것만으로도 프로그래밍이다. 프로그램은 컴퓨터로 당신이 해보고자 하는 어떠한 일이든 해줄 수 있다. 복잡한 것이 아니라 간단하되 반복적인 것도 말이다.

가령 여러 메일을 통해서 통일되지 않은 양식으로 전송되어 오는 정보를 하나의 파일에 정리된 양식으로 매일 저장하도록 하거나, 수신 받은 파일을 기반으로 매번 직접 그래프를 만들어야만 했던 것을 자동으로 그래프가 만들어지도록 하든지, 인터넷에 120만 개쯤 작성되어 있어 복사 후 붙여넣기 하기 부담스러운 숫자의 정보를 자동으로 수집하든지 하는 일을 대신 해준다.

디지털 시대에 살아남는 IT 지식

특정 위치를 계속해서 클릭하게 만드는 간단한 결과를 내는 것도 프로그램[49]이다. 화면에 나타나는 특정 버튼을 마우스 포인터로 눌러야만 출석체크가 되는 인터넷 강의가 있다면, '해당 위치에 마우스 클릭(Click)을 주기적으로 컴퓨터가 알아서 하도록 만들면 편하지 않을까'라고 생각할 수 있다. 그렇게 만든다면 그것도 프로그램이며, 그것을 만드는 과정은 정도에 따라 코딩 또는 프로그래밍이다.

일상의 따뜻함을 위해 뜨개질하는 것도 프로그래밍

정리하자면, 내가 원하는 업무를 컴퓨터에게 시킬 만큼 프로그래밍 언어를 익히고, 그것으로 컴퓨터가 계획된 행동을 할 수 있게 명령하는 것뿐이라 생각하고 접근해보자. 업무상 문서 도구 프로그램이나 애플리케이션 사용법을 익히는 것처럼 말이다. 일상, 학업 또는 업무 속에서 '해볼까?'하는 생각이 들 수 있고, 그 정도면 시작하기에 충분하다. 바로 필자가 그랬다.

49 일반적으로 매크로 프로그램(Macro Program) 또는 매크로라 부른다.

오픈 API(Open Application Programming Interface)

영향

여러 가지 업무를 매뉴얼대로 처리해주는 제한된 권한을 가진 역할을 하는 창구가 존재한다. 은행의 창구, 고객센터 등이 이것이다. 응답의 신속함과 업무 효율을 고려했을 때, 모든 권한을 가지고 있지는 않지만 정해진 업무는 신속히 처리해주는 것이 효율적이기 때문이다.

간단한 업무, 질의응답을 정말 빠르게 해결해주는 고객센터

오픈 API는 바로 컴퓨터 사이의 공개 창구 역할과 같다. 정형화시켜 놓은 업무는 응대하는 컴퓨터가 누구에게나 신속하게 반응하므로 요청하는 입장에서도, 응답해줘야 하는 입장에서도 업무 효율이 올라간다. 또한 컴퓨터를 통해 업무를 요청하는 것이므로, 업무 자동화가 용이해져 효율성 증대에 큰 영향을 주었다.

■ 오픈

오픈 API에서 오픈(Open)은 공개적이라는 뜻으로 쓴다. 기업 또는 특정 집단에 소속된 사람들끼리 사용하려고 하는 것이 아니라, 누구나 사용할 수 있는 형태로 만드는 경우 이처럼 '오픈'을 앞에 붙인다.

대표적인 예로 '오픈 소스(Open Source)'라는 용어가 있다. 보통 상품 및 서비스의 상세한 구조에 대해서는 공개하지 않는다. 오픈 소스는 공개되어 있는 형태이며, 정해 놓은 규칙만 따른다면 다른 상품 및 서비스에 그대로 사용해도 된다. 이것을 오픈 소스라고 하는데, 이때도 '오픈'은 같은 의미로 쓰인다.

■ API

애플리케이션 프로그래밍 인터페이스(Application Programming Interface)의 약자인데, 약자를 풀어놓는 것 정도로는 이해하기 쉽지 않다. 일상에서 있을 수 있는 상황에 빗대어 조금 더 쉽게 풀어서 이해해보자.

모든 업무 맞춤형 대응보다 유형별 확정된 대응 방식이 효율적

여러 명의 직원들로 이루어진 하나의 팀(Team)이 있다고 상상해 보자. 이 팀에게 자신의 입맛에 꼭 맞게 일을 시키려면 직원 한 명 한 명이 무엇을 잘하는지 파악한 뒤 어떻게 업무를 하달해야 하는지 고민한 다음, 업무 계획서를 팀 전체가 이해할 수 있게 작성해서 업무 결과가 원하는 양식에 맞게 잘 나오는지까지 확인해야 한다. 상상만해도 피로하다.

이런 피로함은 업무를 받는 팀 입장에서도 마찬가지다. 따라서 팀은 미리 대표적인 업무 A, B, C와 각 업무별 진행 절차를 명확히 정한다. 그리고 각 업무의 결과물 예시도 만들어 둔다.

이를 통해서 팀은 A라는 업무를 받았는지, C라는 업무를 받았는지에 따라 직원들 각자가 어떻게 업무를 진행할지 정해진 대로만 움직일 수 있다. 일을 주는 입장에서도 편해진다. B라는 업무를 시키면 최초에 표시되어 있었던 B 업무의 결과물과 같은 양식으로 내게 업무 결과물이 주어질 것이라는 것을 알 수 있다. 따라서 어떤 업무가 진행되어서 어떤 결과가 나오는지 예시를 보고 한 마디만 하면 된다. '이 업무로 해주세요!'라고 말이다.

당연히 단점은 있다. 완전히 입맛에 맞춘 세부 조정은 불가능해진다. 직접 직원 한 명 한 명에게 업무를 주고, 원하는 방향성을 제시하고 일을 하는 것과 달리 정형화된 결과물만 나오기 때문이다.

API는 각 버튼으로 사전에 정해진 모양의 결과물이 나오는 것과 같다.

디지털 시대에 살아남는 IT 지식

정리하자면, 어떤 프로그램이 대표 기능 버튼 모음집을 갖게 되는 것과 같다. 이 버튼 모음집에서 자신이 원하는 기능을 선택해서 버튼을 누르면 해당 기능을 사용할 수 있다. 각 버튼이 어떤 역할을 하는지는 안내서에 적혀 있기 때문에 이것을 읽고 이해한다면 대표적인 기능은 금방 활용할 수 있다.

대신 이 버튼 모음집을 이용한다고 프로그램의 모든 기능을 100% 활용한다고 볼 수는 없다. 100% 활용하려면 버튼을 거치지 않고 처음부터 끝까지 프로그램에게 직접 명령을 내릴 줄 알아야 한다. 이런 경우 프로그램을 사용하는 난이도가 너무 높아져서 대부분 사용하지 않으려 할 것이다. 그래서 버튼 모음집의 버튼을 이해하고 누르는 것으로 이 프로그램의 간단한 기능은 충분히 활용할 수 있다.

이렇게 하면 프로그램을 만든 사람 입장에서도 프로그램을 사용하려는 사람들이 접근하기 쉬워지므로 좋다. 복잡한 기능을 사용하려는 것이 아닌데도 제작한 사람(담당자)을 찾아서 이것저것 물어보는 일을 줄일 수 있다.

버튼 모음집이 바로 API이다. 정해진 업무를 간단히 요청할 수 있도록 만든 것이다.

■ 공개적인 정보 창구

오픈과 API, 이 둘이 합쳐진 오픈 API는 결과적으로 누구나 접근할 수 있도록 공개한 상태인 이용 창구 또는 업무 버튼 모음집이다. 오픈 API를 통하면 쉽게 대량으로 얻을 수 있는 정보가 있고, 미리 정한 업무 내용대로 쉽게 결과물을 얻을 수도 있다.

누구나 이용할 수 있게
열려 있네?

오픈 API는 누구나 이용할 수 있다.

오픈 API를 만들어 놓는 곳에서 정말 사용하기 편하게 만들어 놓았다면 프로그래밍 언어를 전혀 몰라도 사용할 수 있도록 만들어 놓은 곳들도 있다. 하지만 상대 서비스에 요청(Request)하고 응답(Response)을 받는 법만이라도 코딩을 할 수 있게 된다면 더욱 다양한 곳에서 정보를 얻을 수 있다. 꼭 정보를 요청하는 것뿐만 아니라 특정 기능을 반복적으로 대량 요청하는 것도 포함한다.

■ 왜 만들까?

국가에서 제공하는 오픈 API는 국민, 기업들이 개별적으로 구하기 어려운 정보를 쉽게 구하도록 해줌으로써 여러 가지 정보이용 기술 및 서비스의 발전을 도모한다. 그러므로 국가 차원에서 오픈 API를 만들어주는 이유는 이해가 간다. 그런데 몇몇 기업들은 무상으로 오픈 API를 제공하는데, 왜일까?

예를 들어 지도 정보가 필요한 사람 또는 기업이 있다. 이들은 이를 활용해 서비스를 만들려고 하는데, 지도 정보를 직접 만드는 것은 배보다 배꼽이 큰 일이다. 그래서 지도 정보를 제공해주는 오픈 API를 활용하기 시작한다. 그러면 그곳을 이용하는 빈도가 늘어날 수밖에 없다.

이때 이용 빈도가 일정 수준 이상 넘어 이용자들이 그곳 말고는 해당 정보를 편하게 구할 곳이 없다고 인지하는 상태가 되면 어떨까? 해당 정보를 제공하는 지배적인 기업이 될 수 있다. 검색 플랫폼, 메신저 등이 이와 같은 목적으로 시장을 지배하는 것을 목표로 정보를 공유할 수 있다. 이용 빈도가 늘어나면 비용이 증가하는 문제가 있지만, 이용자가 많을수록 수익을 낼 수 있는 수익 모델을 도입한다면 어느 정도는 해소되거나 또는 그 이상으로 돈을 벌 수도 있다. 예를 들면 광고 배너(Banner)는 이용자가 돈을 지불하지는 않지만, 서비스가 광고 게재를 통해 돈을 버는 수단으로 활용된다.

결과적으로 오픈 API는 정보를 찾아오는 이용객들을 늘리는 수단으로, 최종적으로는 유료로 전환함으로써 또 하나의 서비스 형태로 이용될 수 있다.

활용

어떤 정보를 구해서 정리하고 보고서를 작성해야 하는 경우를 상상해보자. 원래라면 관련된 정보를 구하기 위해서 누군가 자료로 정리해놓은 파일이 있으면 그것을 내려받을 것이다. 정보가 올라와 있는 블로그, 카페, 게시판 등의 글을 찾거나, 자료실 같은 곳을 찾는다. 만약 이런 곳이 없거나, 자료실의 형태로 제공되지 않는 정보라면 어떻게 할까?

예를 들면 특정 웹사이트, 게시판 같은 곳에 올라오는 사람들의 전체 글이나 댓글들을 근거 자료로 하는 보고서를 작성한다면 말이다. 하나하나 복사한 다음에 저장해야 사용할 수 있을 것이다. 사실 이 경우에는 아예 이런 정보 수집을 포기하게 된다.

또 다른 예로는 주식 정보 같은 것이 있다. 주식 시장에 존재하는 기업에 대한 정보는 다운받을 만한 곳을 찾을 수 있지만, 문제는 실시간으로 변동하는 주식 가격 정보를 자료로 사용해야 하는 경우에는 도저히 동시에 기록하며 사용할 수가 없다. 이 또한 포기할 수밖에 없는 업무가 될 것이다.

이때 만약 해당 서비스에서 API의 형태로 정보를 지원한다고 하면 우리는 빛을 만난 것처럼 기뻐할 수 있다.[50]

---

50 API도 서비스다. 중장기적으로 사용할 것이라면 이 API 서비스가 계속해서 유지될지 아닐지도 판단하며 이용해야 한다. 또는 수정되는 내용은 없는지 지속적으로 파악해야 한다.

데이터 분석(Data Analysis)

영향

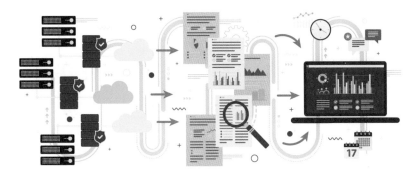

데이터를 기반으로 분석 결과를 얻는 전과정을 다루는 것이 데이터 분석이다.

   과거보다 대량의 정보를 기반으로 분석 결과를 얻는 것이 보편화되었다. 빅데이터(Big Data)[51]라는 용어가 대중화된 이후 기초는 갖춰야 할 능력으로 데이터 분석(Data Analysis)이 서서히 언급되기 시작한 것도 같은 맥락이다.

   지금은 다루기 많다고 생각하는 정보의 양이라도, 데이터 분석이 일반화되면 그것을 다루지 못하는 것이 더 이상하게 여겨지는 순간이 온다. 누군가 사무실에 컴퓨터를 놔두고 문서/오피스 프로그램을 설치해 놓고도, 매번 모든 정보를 서면으로만 얻고 A4용지에 손수 보고서를 쓰거나 계산기로 계산하고 있다면, 오늘날 여러분들도 이상하게 볼 것 아닌가?

---

51 빅데이터는 양(Volume), 생성 속도(Velocity), 다양성(Variety)이 일반적인 정보의 수준을 뛰어넘어 기존 정보 관리 수준으로는 다룰 수 없는 것을 의미한다. 예를 들어 온라인 서비스에서 생산되는 게시글, 거래소를 통한 투자자산 거래 등이다.

무언가 분석한다는 것은 생각보다 일상적인 일이다.

생각하는 결론이 맞는지 근거를 찾고, 생각한 것과 다른 일이 벌어진다면 왜 다른지 근거를 찾아 최종적인 결론을 내는 과정이다. 살면서 여러 가지 성공, 실패 요인을 분석하는 것을 떠올려보면 간단하다. 시험 공부, 운동, 다이어트를 포함한 건강 관리, 게임에서의 승패, 주식투자에서의 성공과 실패 등 많은 부분에서 우리가 생각한 결과 또는 생각하지 못한 결과가 발생했을 때 머릿속으로 고민해보는 것도 분석이다.

데이터를 활용해서 어떤 결론이 나오는지 확인하는 과정 전체를 통틀어 데이터 분석이라고 한다. 그렇다면 보편적으로 어떤 과정을 거칠까?

▪ 데이터 수집

분석할 정보가 있어야 한다. '어떤 데이터를 분석해서 결론을 얻는다면, 좋은 과제나 보고서 또는 기획서를 쓸 수 있을 것'이라고 생각해서 데이터를 분석할 마음을 먹는다. 하지만 의외로 시작부터 벽에 부딪히게 되는데, 바로 얻을 수 없는 데이터를 분석하기로 상정하는 경우가 있기 때문이다.

예를 들어 보자. 음식을 파는 매장에 방문하는 고객들을 분석할 때, 놓치지 않고 확인해야 하는 부분이 있다. 매장에 방문하는 고객들로부터 얻을 수 있는 정보가 무엇인지 알아야 한다.

잘 알아보고 분석에 착수하지 않으면, 우리 손에 쥘 수 있는 컴퓨터 속 정보는 고작해야 결제한 상품, 상품을 결제한 시간밖에 없다. 또 자신이 직접 고객들의 식사시간, 체류시간, 맛에 대한 평가와 같은 것들을 기록한 다음 컴퓨터에 별도로 입력하는 과정을 거쳐야만 얻을 수 있는 정보들이 많다. 즉, 이 두 번째 정보의 종류는 얻을 수는 있지만 많은 노력이 동반된다. 개인적인 목표, 학업 또는 업무 등 무엇 때문에 시작한 분석이든 시간과 노동

력은 한정되어 있는 경우가 대부분이다. 그러니 과도한 시간과 인력을 투입할 수는 없다. 결국 지금 주어진 환경에서 '효율적으로 얻을 수 있는 컴퓨터 데이터(정보)인가'도 고려해야 한다.[52] 그러고 나서 데이터 수집을 어떻게 할 것인지 정한다. 한 번에 다운받을 수 있는 것인지, 매번 다운받을 것인지, 실시간 정보라면 오픈 API를 이용해 계속 수신받을 것인지 말이다.

■ 데이터 저장

평소 일할 때 '저장'에서 신경 쓰는 부분은 어떤 폴더 위치에 어떤 파일명으로 저장할지, 조금 더 신경 쓴다면 어떤 파일 형태로 저장할지 정도다. 또는 내용물을 보는 사람이 알아보기 쉽게 저장하는 디자인 측면에서의 고려가 있다.

그렇다면 데이터 분석에서 저장을 중요하게 여기는 이유는 무엇일까?

데이터 분석의 모든 과정은 되도록 컴퓨터가 수행한다. 데이터 수집 단계에서 사람이 직접 다운로드 받거나, 이메일을 통해 수신받아야 하는 자료가 있거나, 에러가 발생했을 때 에러를 해결해야 하는 경우가 있다. 그럴 때는 종종 사람이 개입해서 수동으로 해결해야 하는 부분도 있다. 그러나 데이터 분석은 그러한 문제가 있는 부분을 되도록 해소하고 모두 컴퓨터가 처리하여 신속하게 방대한 양의 데이터를 분석하는 것이기 때문에 컴퓨터가 늘 알아서 다룰 수 있는 상태로 저장되어야 한다.

저장 위치, 형태, 이름, 내용을 포함한 모든 것이 규격화가 되어 있어야 한다는 뜻이다. 또한 데이터 분석에서는 기본적으로 대량의 정보를 다루고자 하기 때문에, 컴퓨터가 쓰고 읽을 때 빠른 형태로 저장하는 것까지 신경 쓰기도 한다.

---

52 정보기술 발전으로 삶의 모든 곳에 컴퓨터가 삽입되고 다양한 정보를 저장해 두어 얻을 수 있게 됨으로써, 과거와는 달리 데이터 수집 단계에서 얻을 수 있는 정보가 많아졌다는 점이 중요한 것이다. 이는 이 책 '스마트' 부분에서 더욱 자세히 다룬다.

■ 데이터 가공

데이터 분석의 꽃이라고 불리는 부분이다. 원하는 정보를 수집하고 저장하는 과정까지 매끄럽게 만들어 두었다면, 분석하기에 앞서서 한 번 더 신경 써야 하는 것 두 가지가 있다.

첫째, 삭제되어야 할 정보도 있다. 당연한 얘기다. 최대한 많은 정보를 수집하고, 분석을 시도하는 과정에서 불필요한 것으로 판명된 정보는 거른다. 또한 컴퓨터도 정보를 입력받을 때 그 양에 따라 시간이 걸리는데, 명령한 분석을 수행하는 과정에서 입력한 정보는 모두 활용하려 하므로 시간 낭비가 발생하는 것을 방지한다. 따라서 원본 정보에서 불필요한 것을 찾아 삭제하는 절차도 신경 써서 구축한다.

둘째, 수정이 필요한 경우도 있다. 정보를 구하긴 했지만 애초에 정보가 만들어질 때 통일성이 부족한 경우가 많다. 수집한 정보도 사람이 집계해서 제작한 것이 있고, 여러 가지 이유에서 통일성이 유지되지 못하는 경우도 있다.

2020년 12월 집계 정보의 종류 : 고객명/매출/주소지
2021년 1월 집계 정보의 종류 : 고객명/매출/주소지①/주소지②

2020년까지는 주소지 정보를 하나로 통합해 기입하던 것이 2021년부터는 기준이 변경되어 상세주소인 '주소지②'를 '주소지①'과 분리하여 저장한 것이다. 이런 변경을 신경 쓰지 않으면 분석 결과에 영향을 끼칠 수 있으므로 어느 한 쪽에 맞춰 정보를 일치시키는 과정을 만들 필요가 있다.

셋째, 수정이 필요한 다른 경우가 더 있다. 분석에 용이하지 않은 것을 바꿔줄 필요가 있는 경우다. 예를 들어 컴퓨터는 다음의 경우도 큰 차이로 받아들인다.

☐ 1

☐ '1'

　컴퓨터 입장에서 1은 계산할 수 있는 숫자다. 반면 '1'은 계산할 수 없는 문자다.[53] 만약 두 문자 '사람'과 '명' 사이에 다음처럼 '1'을 추가한다고 하자. 얻고자 하는 결과는 '사람 1명'이다.

　　'사람' + '1' + '명' = '사람 1명'(OK)

　이때 중간에 더하게 되는 '1'은 문자여야 한다. 그래야 컴퓨터는 '문자들을 연결하라는 거구나'라고 인식하고 문자를 합친다. 숫자 1이 입력되면 에러를 일으킨다. '숫자면 더할 것이고, 문자면 합칠 것인데 숫자와 문자 두 종류를 동시에 주고 어쩌라는 건가요?' 반문하는 에러를 말이다.

　이처럼, 찾아서 수정해주지 않으면 컴퓨터는 완전히 다른 정보로 인식하고 원하는 분석 결과를 내놓지 않는다. 그렇기 때문에 저장된 정보를 입맛에 맞게 가공하는 절차가 반드시 필요하게 된다.

　마지막으로 정보를 유의미한 분석이 가능한 형태로 만드는 일도 이 과정에서 한다. 이 부분만 이해가 되어도, 데이터 전처리가 왜 단순히 정보 수정/삭제를 넘어서 꽃이라고 부르는지 이해할 수 있다.

　'사람' : 어떤 감정도 느낄 수 없는 일반적인 단어
　'좋은 사람' : 인터넷 댓글에 이런 단어 조합이 발견되면, 긍정적인 댓글로 추정 가능

---

53 숫자와 문자열의 구분된 표기 방식은 프로그래밍 언어별로 다를 수 있으므로, 이 책의 표기 방식을 크게 신경 쓰지 말자.

둘 이상의 어절[54]이 함께 있을 때 의미가 더욱 명확해지는 경우가 있다. 예를 들어 사람들이 작성해 놓은 상품 리뷰 또는 댓글을 분석하는데, 하나의 어절 단위로 놓고 가장 많이 등장한 어절 순으로 분석을 진행한다면, 의미가 제대로 해석되지 않을 수 있다. '상품인'이라는 어절이 리뷰 내용에서 제일 많이 등장했다고 해도, 본래 작성자의 의도를 알 길이 없다. 이럴 때 애초에 두 개의 어절을 합쳐서 데이터가 분석되도록, 어절을 두 개 단위로 합쳐 두는 것이다. 이렇게 하면 분석을 실시했을 때 '좋은 상품인', '괜찮은 상품인'이 많이 등장한다면 분석 결과에서 의미를 찾는 데 보다 도움이 된다.

분석에 앞서 대상이 되는 정보의 특징을 파악하고, 더 나은 분석이 되도록 기준을 세워서 정보를 다듬어 두는 일이다.

이 과정을 '전처리(Preprocessing)'라고 부르기도 한다. 앞서 '데이터 저장' 단계에서 저장한 정보를 이 과정을 통해서 '얼마나 유의미한 형태로 만들어 두는가'가 분석 결과에 성패를 좌우한다고 해도 과언이 아니다.[55]

■ 데이터 분석

데이터 분석에서 분석 부분이다. 말이 웃기지만, 앞선 과정을 모두 거쳐서 이제 무엇을 어떻게 분석할지 결정하고 실행하는 구간에 도달하게 된다. 단순히 분석하는 일이라고 생각했을 때보다 훨씬 명확하게 윤곽이 보일 것이다.

데이터 분석 기법은 어떤 목표로 무슨 정보를 다루는가에 따라 다양하게 존재한다.

---

54 문장을 구성하고 있는 각각의 마디로 문장 성분의 최소 단위로서 띄어쓰기의 단위가 된다. 〈표준국어 대사전〉, 국립국어원, 1999. 10. 9

55 데이터 저장과 데이터 가공이 분리되어 있는 것이 의아할 수 있다. '애초에 저장하면서 가공하면 되는 거 아닐까?'라고 생각할 수 있기 때문이다. 하지만 그런 경우 가공 자체가 잘못되면 데이터 수집부터 저장까지의 절차를 다시 수행해야 하는 사고가 벌어진다. 따라서 데이터 저장 절차에서는 최대한 원본 그대로, 다만 읽고 쓰기 좋은 형태의 지정된 위치에 문제 없이 저장하는 것을 목표로 한다. 그리고 데이터 가공 절차에서 원하는 데이터만, 원하는 형태로 사용할 수 있도록 수정과 삭제를 거치게 된다.

분석 기법은 무궁무진하게 많고, 데이터와 목적에 맞춰 사용하게 될 것이다.

컴퓨터를 통해서 분석을 실시하기 때문에 한 번쯤 들어봤을 용어들 중 하나인 머신러닝(Machine Learning), 딥러닝(Deep Learning) 등도 여기서 사용될 수 있다. 상세한 내용은 차후에 따로 다룰 것이지만, 여기서 중요한 사실은 컴퓨터를 통해 정보를 입력하고 정제해서 분석하기 때문에, 컴퓨터 기술을 이용해 말로만 듣던 분석 기법은 모두 사용될 수 있다는 것이다.[56]

핵심은 데이터 분석을 통해서 숫자, 글(문자, 문장), 이미지(그림, 사진), 영상을 컴퓨터에게 분석을 맡길 수 있다는 점이다. 그렇지 않다면 사람이 글을 읽고, 이미지를 보고, 영상을 보고 골몰히 고민해서 분석해야 하므로 인력에 한계가 오게 되며, 정밀하게 분석할 수 없는데 컴퓨터가 그것을 대신해준다.

잊지 말아야 할 포인트를 한 번 더 강조한다. 컴퓨터가 이해할 수 있는 형태로 저장되는 정보가 과거보다 훨씬 넘쳐 흐른다는 것이다. 여러분 모두 인터넷을 통해 뉴스를 읽고 상품과 서비스를 구매하고, 다른 사람들의

---

56 이후 '머신러닝' 주제에서 일부 분석 기법을 다루기는 하나, 데이터 분석 기법들을 모두 망라할 수는 없다. 통계와 프로그래밍 지식을 한데 모은 내용이기 때문이다. 하지만 이 주제를 흥미롭게 읽었다면 데이터 분석 입문서를 읽을 준비가 된 것이다. 관심이 있다면 관련 입문서를 읽어보도록 하자.

글과 영상을 보고, SNS를 통해 사진을 볼 수 있지 않은가? 그런 시대에서 컴퓨터를 통해 데이터를 분석할 수 있다는 것은 남다른 의미가 있는 것이다.

■ 데이터 시각화

데이터 분석을 거쳐 분석 결과가 나온다. 이 결과는 숫자로 된 하나의 값일 수도 있고, 문자일 수도 있지만 대개 그렇지 않다. 분석 결과에는 여러 값들 또는 문자들이 혼재되어 있을 것이다. 만에 하나 그렇지 않더라도, 큰 규모의 정보를 토대로 분석을 시작한 만큼 여러 가지 분석 단계, 중간 과정에서 어떻게 분석된 것인지 알아볼 필요가 있다. 분석 과정이 적절했는지 판단하기 위해서라도 말이다.

만약 데이터 분석을 시작하게 된 이유가 개인적이었다면, 복잡해 보이는 숫자와 문자를 늘어놓고 시간을 들여 살펴보아도 문제가 없다. 그러나 대개 이런 분석은 타인에게 보여주어야 하는 경우가 많다. 개인적으로 보려고 분석한 결과라도, 시각적으로 이해하기 힘든 형태로 두는 것보다 직관적으로 이해할 수 있는 형태로 결과 및 중간 과정을 살피면 놓치는 부분을 줄일 수 있다.

보기 좋게 만드는 것은 중요하고 필요한 일이다.

디지털 시대에 살아남는 IT 지식

그래서 시각화(Visualization) 과정을 거친다. 그래프(Graph), 차트(Chart) 또는 다양한 시각적 효과를 부여해서 사람이 보기 쉽게 만드는 것이다.

예를 들어 자신이 속한 회사의 사업 계획을 위해 데이터 분석을 했다고 하자. '회사 인근 거주 고객 중 높은 연령층'이 회사의 매출에 큰 영향을 미친다는 결과를 A4용지 한 장을 꽉 채운 숫자와 함께 보여주는 것은 효과적이지 못하다. 회사 매출을 나타내는 큰 원의 대부분이 붉은색으로 칠해져 있고, 해당 붉은색이 '회사 인근 거주 고객 중 높은 연령층의 색'임을 나타내는 것이 더 효과적일 것임은 누구나 알 수 있다.

이 과정까지 거치면 데이터 분석이 한 차례 마무리된다. 단, 이를 반복적으로 해야 하는 경우라면 데이터 수집부터 시각화까지 물 흐르듯 이루어지도록 관리하는 것도 데이터 분석의 중요 과정으로 볼 수 있다.

머신러닝(Machine Learning)

영향

컴퓨터가 학습하고 성장하기 시작한다.

컴퓨터는 인간의 지능을 보다 잘 흉내내며, 사람이 할 수 있는 일을 갈수록 더 많이 해내게 된다. 또한 낮은 수준의 인공지능이라도 다루는 사람이 점차 많아지며, 그 사람들은 컴퓨터를 통해 인간이 해야 하지만 단순 반복 작업인 것들을 남들보다 빠르게 많이 처리하게 된다. 결과적으로 인간의 역할은 영향을 받을 수밖에 없다.

자세히 알아보기

머신러닝은 문자 그대로 기계(Machine)를 가르치는(Learning) 것이다. 작업하는 방법을 직접 알려주는 것이 아니라, 컴퓨터가 일하는 법을 학습하고 해낼 수 있게 만든다. 즉, 인공지능(AI, Artificial Intelligence)에게 지능을 형성하는 방법 중 하나이며, 머신러닝은 인공지능의 한 분야이다. 인공지능과 같은 말은 아니다.

그렇다면 컴퓨터를 어떻게 학습시킬 수 있을까? 사람은 어떻게 학습을 하는지부터 생각해보면 간단하다. 학습에 필요한 정보를 자주 마주하는 것이다.

지겹도록 들었을 수 있는 예습과 복습도 같은 얘기다. 단시간 내에 같은 정보를 주기적으로 자주 보는 것을 의미한다. 어렸을 때도 마찬가지다. 부모님의 동작과 입 모양을 보거나 글자의 모양을 자주 보고 소리를 자꾸 듣는다. 잊어버리지 않기 위해서는 다시 보지 않고도 그것이 무엇이었는지 떠올리는 과정을 반복해 암기하기도 한다. 주어지는 모든 정보가 칼같이 정확하게 같거나, 완벽히 같은 환경에서 학습할 수 있는 것은 아니다. 부모님의 입 모양을 앞에서도 옆에서도 본다. 감정에 따라서 억양만 다른 같은 단어에 대한 소리를 듣고, 글자는 필체에 따라 다르지만 비슷하게 생긴 것들을 자주 보면서 익힌다.

대량의 정보를 먹고 자라는 것이 인공지능이다.

인공지능도 다르지 않다. 앞으로 이야기할 다양한 학습 방식이 있지만, 알아두면 좋은 핵심은 두 가지다. 첫째, 머신러닝은 학습할 정보가 많으면 많을수록 좋다. 둘째, 그 정보는 컴퓨터가 이해할 수 있는 형태인 전자 정보(데이터)여야 한다.

▪ 학습의 방법

사람은 초등, 중등, 고등 교육 과정을 거친다. 이 교육 과정에 따라 낮은 난이도부터 높은 난이도의 정보를 습득한다. 사람이 사는 데 필요한 경험을 위해 사회생활과 함께 인격 형성, 적성 찾기 등이 진행된다. 컴퓨터를 학교에 보낼 수는 없다. 컴퓨터에게 사람처럼 어떤 정규화된 과정을 거치게 해서 인공지능이 되는 것은 아니다.

그렇다면 컴퓨터를 학습시키는 방법이 없는 것일까? 물론 그렇지 않다. 알파고와의 대국[57]이후 대중적으로 알려진 것일 뿐, 기계를 학습시키는 방법에 대한 연구의 역사[58]는 길다. 컴퓨터를 등교시킬 곳이 없지만 보편화된 교육 과정은 존재하는 셈이다.

▪ 지도 학습(Supervised-learning)

답이 존재하는 문제를 풀게 하고, 이후에 답을 알려준다. 그러면 맞거나 틀린 것을 확인한 후 답을 찾는 법을 컴퓨터가 익힌다. 이렇게 학습시키는 방식이 지도학습(Supervised-learning)이다. 여기서 '지도(Suvervised)'는 '지도하다'의 '지도'다. 답을 알려줘가며 학습시켰다는 뜻으로 보면 쉽다.

---

57 2016년 3월 인공지능 '알파고(AlphaGo)'가 바둑으로 이세돌 9단에게 승리했다. 바둑은 경우의 수가 많아 컴퓨터가 인간을 이길 수 없을 것이라 예상한 종목이었다. 그렇기에 이세돌 9단의 패배는 의미가 깊다. 5판 3선승제임에도 불구하고, 알파고의 승리 확정 후에도 남은 게임을 모두 진행했다. 이후 알파고의 학습 방식인 '딥러닝'과 함께 '머신러닝'이란 용어가 널리 알려진다('딥러닝'도 이후 다룬다).

58 1940~1950년대, 인공적으로 두뇌를 만들 가능성이 회자되기 시작한다. '인공지능'이란 용어는 1956년 미국 다트머스에서 연구자들이 명명하며 등장한다. 이후 1958년, 인간 뇌의 활동을 모방한 수식을 통해 동작하는 '퍼셉트론(Perceptron)'이 탄생하기도 한다.

■ **분류**(Classification)

지도학습의 한 종류를 알아보면서 '지도'에 대해 빠르게 이해해보자.

예를 들어서 당뇨병[59]에 걸린 사람과 그렇지 않은 사람이 가지고 있는 특성을 정리한 정보(Data Set)가 있다. 사람들의 연령, 혈액형, 키, 몸무게, 식습관, 운동량, 스트레스, 병력(病歷, Medical History) 그리고 당뇨병 여부가 적힌 것이다. 이것을 컴퓨터에게 입력하면서 당뇨병 여부도 같이 알려준다. 답안지와 함께 문제지를 다음처럼 주는 것이다. '이 중에서 누가 당뇨병이 있지?'

컴퓨터는 사람으로 치면 문제를 읽고 답안지와 비교하면서 당뇨병에 걸린 사람과 안 걸린 사람을 파악하고, 각각의 특성을 구분 짓고, 공통점을 찾는다. 당뇨병에 걸린 사람이 높은 확률로 갖는 것이 육류 위주의 식습관, 높은 스트레스, 낮은 운동량, 몸무게이고, 당뇨병에 걸리지 않은 사람의 특성이 또 어떤 것인지 찾는 식이다.

이렇게 한 차례 학습하고 난 다음, 이전에 주지 않았던 다른 사람들의 정보를 준다. 대신 이번에는 당뇨병 여부를 함께 주지 않는다. 즉, 답안지를 빼고 주는 것이니 시험(Test)을 보는 것과 같다.

이 시험을 통과하면 학습한 인공지능에게 점수를 매길 수 있다. 1,000 문제 중에 800개를 맞췄다면 80%의 정답률을 갖는다. 이 말은 지도학습을 통한 머신러닝 결과 만들어진 인공지능의 분류 성능을 나타낸다. 이 인공지능은 사람이 가지고 있는 특성을 토대로 당뇨병 여부를 일정 확률로 추정하는 것이 가능하다.

---

59 당뇨병(糖尿病, Diabetes Mellitus, Diabetes)은 피 속에 있는 당 수치가 높은 채로 오랜 기간 지속되는 것이다. 이로 인해서 다른 병이 함께 발생(합병증)할 수 있으므로 관리가 필요하다.

분류(Classification)하는 컴퓨터의 모습

    정리하자면 지도학습법에서 분류(Classification)는 분류 기준을 학습하길 원하는 정보 중에서 일부를 학습용(Train Set)으로 답안지와 함께 준다. 학습한 이후에는 학습할 때 주지 않았던 정보(Test Set)만으로 시험을 치른다. 이 과정을 통해서 사람은 컴퓨터가 분류 기준을 가질 수 있게 한다.

    만족할 만한 수준의 정답률을 보였다면, 이제 이 컴퓨터를 이용해 당뇨병 여부를 예상해보는 것이다.

■ 회귀분석(Regression Analysis)

    필자도 그랬지만, '회귀'라는 직관적이지 않은 단어 때문에 겁부터 먹을 수 있다. 하지만 회귀 분석도 쉽게 개념을 잡을 수 있다. 짝이 있는 정보 (A-B)의 관계를 분석한 결과, 하나의 정보(A)가 얼마일 때 다른 하나(B)는 어떤 경향을 보이는지 알아보는 것이다.

디지털 시대에 살아남는 IT 지식

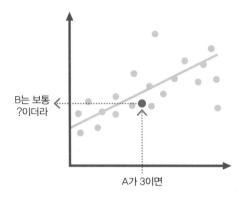

B는 보통
?이더라 ←

A가 30이면

하늘색 선이 A와 B의 일반적인 관계를 나타낸다.

대표적인 예로 아버지의 키(A)와 아들의 키(B)라는 두 정보의 관계에 대한 분석이 있다. 아버지와 아들의 키는 항상 거의 같은지, 아니면 아들은 아버지보다 항상 큰지, 반대로 아들은 아버지보다 항상 작은지 같은 관계를 알아보는 것이다. 단순하게 생각했을 때는 아버지의 키가 크면 아들의 키도 비슷하거나 클 것 같다. 하지만 많은 사람들의 정보를 모아서 분석해본 결과 아버지의 키가 어느 정도 이상으로 크면, 오히려 아들의 키는 보통 그보다는 작아진다. 또 반대로 아버지의 키가 어느 정도 이하로 작으면, 아들의 키는 보통 그보다는 커진다.[60] 무조건 그런 것은 아니지만 대개 그렇다는 분석이다. 이 분석을 통해서 다른 가족의 아버지 키를 알았을 때, 그 아들의 키를 예상할 수 있다.

위 그래프에서 보면 아버지의 키(A) 값을 알면 가로축의 해당 값에서 시작해 위로 올라가다가, 분석 결과 나타난 하늘색 선에서 멈추고 왼편의 세로축이 몇인지 보면 그 아들의 키(B)에 대한 추정 값이 나오는 식이다.

---

60 이 예시는 영국 학자인 프랜시스 골턴(Francis Galton)이 실제 조사 및 분석한 결과인데, '회귀'라 이름 붙이게 된 계기다. 결과를 종합해보자면 사람의 키는 계속해서 커지거나 작아지는 것이 아니라, 전체적으로 봤을 때 평균으로 돌아오는, 즉 '회귀'하는 경향을 보인다. 이 분석이 이루어진 이후 이와 같은 분석을 '회귀 분석'이라고 부른 것이다.

해당 과정을 컴퓨터에게 학습시키고 사람처럼 예상하게 만드는 것 또한 지도학습이다. 분류(Classification)와 학습의 진행 방식은 같다. 첫째로 컴퓨터에게 대량의 A-B(아버지의 키-아들의 키) 묶음을 학습시킨다. 이때 B가 답안지가 된다. 질문은 'A가 숫자 몇일 때, B는 몇이니?'와 같다. 컴퓨터는 A와 B의 관계를 알아내는 것이다.

둘째로 컴퓨터는 앞서 받지 못한 또 다른 A 정보를 대량으로 받고, B는 주지 않는다. 앞서 학습한 일반적인 A와 B의 관계를 이용해서, 이번에는 A만 보고 B를 맞추어야 한다. 그리고 컴퓨터의 답이 실제 답과 얼마나 맞았는지 평가한다.

즉, 회귀분석을 통해 학습한 컴퓨터는 기존 두 요소의 관계를 토대로 한 요소만 알게 되었을 때 나머지 요소를 추정 또는 예상할 수 있다.

■ 비지도학습(Unsupervised-learning)

지도학습은 답을 알려주고 학습시킨 것이다. 비지도 학습(Unsupervised-learning)은 존재하지 않을 수도 있는 것에 대해서 학습한다. 예를 들면 동물을 촬영한 사진 속의 생김새만 보고 동물 사진을 두 종류로 분류해보라고 하는 것이다.

■ 군집 분석(Clustering Analysis)

정보들을 늘어놓고 정해진 숫자의 집합, 즉, 군집을 만드는 기준을 학습하는 것이다. 3개로 나눌 때와 7개로 나눌 때의 기준이 다르기 때문에, 몇 개의 군집으로 나누는지에 따라 학습 결과가 다를 수 있다.

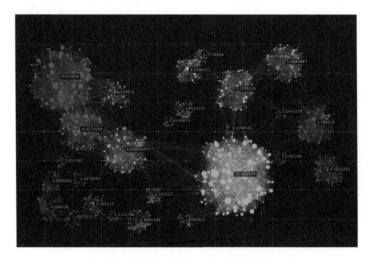

군집(Clustering)을 마친 결과는 이렇게 보인다.

　예를 들어 동물 사진을 학습시킨다고 하자. 여러 종(種, Species)의 동물 사진을 잔뜩 입력하는데 이번에는 각 사진의 동물이 무엇인지 알려주지 않는다. 즉, 지도학습 때와는 달리 답이 없어도 컴퓨터에게 학습을 시킬 수 있다. 대신 이번에는 컴퓨터에게 몇 개의 군집으로 구분 지을 것인지 정해줘야 한다. 대충 두 개의 군집으로 사진을 구분하라고 해보자. 그럼 컴퓨터는 각 사진의 정보들 중에서 무엇을 기준으로 삼았을 때 총 두 개의 군집으로 분류될지 찾는다. 두 개의 군집으로 나눌 만한 어떤 기준을 사진에서 찾는다. 기준은 털의 유무, 색상 등 무엇이든 될 수 있다.

　이렇게 학습을 종료하면 컴퓨터는 새로운 사진을 보았을 때, 그 사진이 어느 군집에 속할지 판단할 기준을 얻는다. 학습할 때 사용하지 않은 다른 사진들을 입력해보면, 컴퓨터가 잡은 자신만의 기준으로 사진이 두 군집 중 어디에 속하는지 결정하는 것을 볼 수 있다.

　이때 컴퓨터는 정해준 두 개의 그룹으로 사진들을 나누지만, 그 두 종류에 어떤 이름을 붙여야 하는지 모른다.

예를 들어서 두 개의 그룹(각각 고양이, 개)으로 명확히 구분해 놓고도, 컴퓨터는 그것이 고양이와 개인지 모른다. 그저 각 특성들을 놓고 나눠보니 그렇게 된 것일 뿐이다.

결과적으로 나뉘는 결과(정답)가 아직 정해져 있지 않은 사진들도 사진 속 내용의 특징들로 나누도록 할 때 군집 분석이 사용된다. 그리고 학습할 때 나눠본 경험을 통해, 새롭게 입력된 사진들도 나누는 역할을 컴퓨터가 할 수 있게 된다.

■ 주성분 분석(PCA, Principal Component Analysis)

다른 사람 얼굴을 기억할 때 완벽하게 기억할까? 그렇다고 생각할 수도 있지만, 그림을 그리거나 눈을 감고 상상해보면 아니라는 것을 알 수 있다. 턱의 각도, 얼굴 선의 길이, 점의 정확한 위치, 색상, 눈썹과 눈과의 거리 같은 것을 떠올리려 했을 때 정확하게 생각나지 않을 테니 말이다. 사람은 세밀하게 기억하지 않는다. 사람 얼굴만이 아니라 그 어떤 것이든 완벽하게 사진처럼 기억하지 않는다.

그렇다고 해서 그 사람이 누구인지, 방금 본 것이 무엇인지 기억 못할 만큼 허술하게 기억하는 것도 아니다. 한 번 본 다음 곧장 다시 봤을 때 '방금 본 것이다'라 확신할 만큼은 기억한다.

반면 컴퓨터는 어떨까? 사람 얼굴 사진을 한 장 입력받으면 아주 상세한 부분까지 수치 정보로 기억한다. 그런데 이 부분이 문제를 일으킨다.

예를 들어 사진 모음에서 사람 A의 사진만 분류하는 프로그램을 만들고 싶다. 그러려면 컴퓨터는 우선 사람 A의 모습을 배우고, 그 모습으로 사진들을 분류해야 한다. 사람 A의 사진을 입력하면, 컴퓨터는 입력된 사진 정보만으로 사람 A의 모습을 기억한다.

점만 찍었을 뿐인데, 두 사진의 인물은 다른 사람 사진이 된다.

그 다음 사람 A가 정말 조금 옆으로 움직인 사진을 다시 입력하고 이 사람이 A인지 물어보면 컴퓨터는 어떻게 답할까? '아니다' 이다.

최초에 입력받은 사진과 동일인임에도 불구하고 각도, 표정, 조명에 따른 명암, 시간에 따른 노화 등 작은 부분만 달라져도 다른 사람으로 인식한다.

컴퓨터는 완벽하게 기억해서 비교한다. 하지만 사람처럼 중요한 특정 부분들 위주로 기억해서 사진과 실물을 비교할 수 있어야 사람 A의 사진만 분류하는 프로그램을 만들 수 있다. '중요한 특정 부분'이 무엇인지 컴퓨터에게 학습시키는 과정에 주성분 분석이 필요하다.

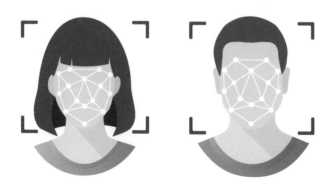

하얀 점이 찍힌 부분이 주성분이고, 다른 부분은 조금 달라도 되는 부분이 된다.

학습을 통해 주성분(Principal Component) 외의 것들은 조금 달라도 개의치 않고, 주성분이 비슷하다면 같은 것이라 판정할 수 있도록 해준다.

첫째로 서로 다른 사람의 사진들을 입력하는데, 각 사진에는 각각 다른 사람임을 알 수 있도록 이름이 붙어 있다. 같은 사람의 사진이 조금씩 다른 각도로 이루어져 있다면 더 좋다. 둘째로 컴퓨터가 주성분 분석을 실행한다. 그러면 A와 B 두 사람을 구분하되 같은 A의 사진에서는 차이가 크지 않은 주성분을 여럿 찾는다. 눈매, 귀 모양, 코끝의 위치 같은 것 말이다. 그렇게 학습이 종료되면 컴퓨터는 사진을 볼 때 어떤 성분을 주로 봐서 같은 사람인지 아닌지를 판단할지 기준을 세운 것이다. 마지막으로 앞서 입력하지 않은 다른 사진을 가지고 와서 입력하면 컴퓨터는 주성분을 놓고 비교해서 자신이 이미 아는 사람 중에 누구의 사진인지 판단한다. 중요 부분 외에는 정보가 좀 다르더라도 같은 사람의 사진이라고 인식할 수 있다.

■ **과적합 문제(Overfitting Problem) : 정답률 100%는 좋은 것일까?**

전공과 무관하게 여기서 생각해볼 만한 것이 하나 있다. 지도학습을 설명하는 과정 중 '분류'에서도, '회귀분석'에서도 정답률이란 단어를 사용했다. 문제 중에 얼마나 맞췄는가 하는 것이다. 그런데 정답률 100%이면 좋은 것일까? 비지도 학습에서도 정답률과 약간 다른 개념이지만 비슷한 질문이 가능하다. 지금까지 입력된 정보로 완벽하게 군집을 분할하거나, 주성분을 완벽하게 100% 파악하도록 만들었다고 생각해보자. 과연 이게 좋은 것일까?

묻는 이유가 있다고 생각하면서 눈치챘을 것이다. 그렇다. 좋지 않다.

현재 입력한 정보 기준으로 100% 모든 것을 맞추는 기계를 만들었다는 말은, 반대로 얘기하면 새로운 가능성에 대해서 전혀 열려 있지 않다는 의미로 해석해볼 수 있다.

사람으로 치면 이미 세워놓은 기준이 너무 완고해서 새로운 규칙성을 가진 정보가 들어올 것에 대해 전혀 열린 사고를 갖지 못한다는 것이다. 기존에 가지고 있던 자신만의 기준에서 정말 극단적으로 작은 차이만 존재해도, 정답을 맞출 가능성이 완전히 사라진다는 것이다.

　결국 학습시킬 때의 정보는 과거의 정보이다. 따라서 과거의 정보를 기준으로는 100% 완벽하게 답을 맞출 정도로 학습하는 것이 열린 미래에 대해서 대응할 수 없는 기계를 만들어 버리는 것이다. 필요 이상으로 과도하게 현재 가진 정보에만 적합하게 만들었다고 해서 이것을 '과적합 문제(Overfitting Problem)'라 한다. 한 가지 잠시 생각해볼 만한 내용은 이것이다. 사람이 단점으로 볼 수도 있는 '부정확함'이 컴퓨터에게 오히려 적당히 요구되고 있다는 것이다.

새로운 가능성을 조금은 인정해야지?

과적합 문제를 피하려면, 완벽하지 않은 것도 필요하다.

딥러닝(Deep Learning)

인공지능이 지능을 갖기 위해 뇌를 모방한다.

뇌를 모방하는 인공지능이 등장했다. 사람만이 할 수 있던 일을 컴퓨터도 할 수 있게 되었다. 더 많은 사람들의 일터가 정보기술의 영향을 깊이 받게 된다. 인공지능이 접목된 서비스라면, 딥러닝(Deep Learning)을 통해서 이전에는 생각하지 못했던 업무를 컴퓨터에게 맡겨 지치지 않고 해낼 수 있게 되는 것도 영향의 결과 중 하나가 된다.

자세히 알아보기

딥러닝 역시 기계를 학습시키는 한 방법이다. 딥(Deep)하게 학습시키는 것일 뿐, 머신러닝과 다른 것이 아니라 머신러닝의 한 종류다. 여기서 '딥'이 의미하는 것은 깊은 심층을 의미하는데, 직관적으로 이해가는 단어는 아니다. 딥러닝을 쉽게 이해하기 위해 이것이 필요한 이유부터 알아보자.

컴퓨터는 항상 정확한 수치를 기준으로 삼기 때문에 이것이 필요하다.[61] 사람이 사람을 가르칠 때는 '대충 알아들어'라는 말을 할 수 있다. '그거랑 비슷한 거 있잖아'라고도 할 수 있다. 명확하게 수치화해서 가르치지 않아도 사람은 무언가와 완전히 같지는 않지만 비슷한 것의 범위를 안다. 예를 들자면 사람에게 고양이상, 강아지상이란 말을 쓰는 경우가 있다. 어떤 사람의 얼굴을 봤을 때 받는 인상이 고양이나 강아지와 같다는 의미로 사용된다. 정말 고양이와 똑같이 생긴 건 아니다. 컴퓨터는 특수한 과정을 거치지 않으면 이런 인식을 할 수 없다.

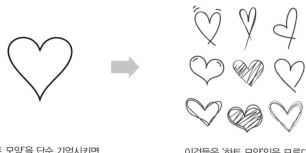

'하트 모양'을 단순 기억시키면   이것들은 '하트 모양'임을 모른다

윤곽선에서 조금만 벗어나도, 다른 것으로 인식할 뿐이다.

■ **딥**

이 문제를 어떻게 해결하면 좋을까? 인간은 어떻게 무언가를 구분하면서도 비슷한 것을 인식할 수 있는 걸까?

---

61 앞서 '머신러닝(Machine Learning)'의 '주성분 분석(PCA)' 부분을 읽었다면 이후 편하게 이해할 수 있다. 왜냐하면 인공지능을 발전시키는 과정에서 겪게 되는 문제 중 컴퓨터는 정확히 같은 것만 같다고 판단한다는 문제를 한 차례 다뤘기 때문이다.

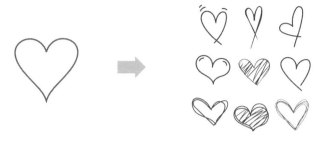

'하트 모양' 윤곽을 흐리게 학습할수록　　　　이 중 일부는 '하트 모양' 인식

느슨한 기준으로 학습하는 것이 필요하다.

　정확한 것이 문제니까 부정확하게 만든다. 사람은 어떤 것을 명확히 인지하지 않음으로써 비슷한 것을 인식할 수 있다. 달리 말하면 컴퓨터가 너무나도 명확하게 가지고 있는 정보를 명확하지 않게 바꿔주는 작업을 하면 사람처럼 인식할 수 있게 할 수 있는 것이다. 참 재밌는 부분이다. 정보를 완벽에 가깝게 저장하고 수치화하는 컴퓨터의 장점을 일부 약화시켜야 한다.

　이렇게 함으로써 컴퓨터는 자신이 가지고 있는 정보보다 '조금 다른 정도'는 인정할 수 있다. 이걸 학습시키는 방법 중 하나가 바로 딥러닝이다. 이제 딥러닝이 어떻게 컴퓨터를 학습시키고 동시에 왜 '딥'이 붙었는지 쉽게 알아보자.

■ 딥러닝의 학습 개념

　그동안 컴퓨터에게 정보를 인식시킨다는 것은, 마치 한 장의 사진만 정확히 외우게 만드는 것과 같았다. 그렇기 때문에 컴퓨터는 외운 정보가 나타내는 모습만을 참고할 수밖에 없었다. 아주 정확하게 말이다.

　　　　　　　　　　　　　　　　　　　　　디지털 시대에 살아남는 IT 지식

학습하고 싶은 사진　　　유사한 사진 여러 장을　　　한 장으로 뭉개 합쳐 학습

윤곽선, 색 등의 정보 기준이 느슨하게 된 사진 완성

이처럼 학습하면 한 장의 정보로 학습했을 때보다 경계가 모호해진다. 하나의 명확한 선으로 정보의 경계를 둘 때는 조금만 경계를 벗어나면 인식하지 못했다. 그러나 경계선이 아니라 경계가 범위를 가지면 문제가 해결된다. 예를 들어 사람의 귀 모양을 인식시키려고 하는 경우를 보자. 귀가 있어야 할 자리에 흐릿한 경계 범위로 표시되어 있으면, 그 범위 안에 귀의 윤곽선이 있을 때 '그렇게 생긴 귀'가 있는 사진으로 인식할 수 있게 되는 것이다.[62]

▪ 딥러닝 학습 구조

어떻게 이것이 가능할까? 딥러닝은 한 장의 사진을 입력받을 때 애초에 비슷한 여러 장을 입력받는 것처럼 학습하도록 짜여져 있다.

실제로 한 장의 사진을 입력받았을 때 딥러닝을 통한 컴퓨터가 학습하는 과정을 보자. 컴퓨터는 한 장의 정보를 받으면 여러 단계를 거쳐 정보를 인식한다.

62　쉬운 설명을 위해 윤곽선을 모호하게 만드는 것을 예로 들었다. 그러나 기준을 모호하게 만드는 것은 실제 윤곽선에만 국한된 것이 아니다. 모든 구분 기준을 흐릿하게 만든다. 예를 들어 주어진 사진에서 같은 사람임을 판단하는 색상 기준도 모호하게 만들어 학습한다. 얼굴은 똑같은데 햇볕에 얼굴이 조금 탄 경우에도 같은 사람으로 인식해야 하지 않겠는가?

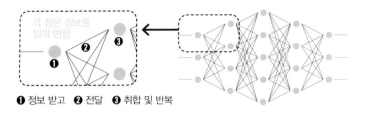

① 정보 받고 ② 전달 ③ 취합 및 반복

딥러닝의 인공 신경망(Artificial Neural Network, ANN) 구조

그림의 왼쪽부터 오른쪽 단계를 거치는데, 각 단계에서 하나의 점은 최초에 받은 정보에 각자 임의의 변형을 한다. 그리고 오른쪽으로 다음 단계의 점에게 넘겨준다. 여러 점으로부터 정보를 받을 때는, 각 정보를 취합하며 또 임의의 변형을 한다. 이 과정마다 입력된 정보와는 조금씩만 다른 정보들이 쌓이게 된다. 이러한 단계가 존재하고 여러 단계일수록 깊다고 해서 '딥(Deep)'이 붙은 것이다.

각 단계를 거치고 나서 마지막에는 한 장으로 결론을 냈다고 하자. 똑같아 보이지만 조금씩 차이를 갖게 된 여러 장의 사진을 반투명하게 만들어 겹치는 것을 상상해보면 된다. 어떤 모습이겠는가?

반투명하게 만든 사진을 한 장으로 겹치는 느낌

이 과정을 거친 최종적인 정보는 최초의 사진에 비해서 경계선이 흐릿하게 변한다. 이것이 바로 '추상화(Abstraction)'된 사진이다.

'추상'이란 명확하게 하나만 가리키는 것을 유사한 다른 것들도 포괄할 수 있을 정도로 정확하지 않게 만드는 과정을 말한다.

컴퓨터는 이를 통해 사람처럼 모호한 기준을 갖게 된다. 조금 다른 사진을 입력받고 이 사진이 나타내는 것이 무엇인지 질문을 받게 되면, 설사 그것이 기존 정보와 조금 다르더라도 그 정도의 차이는 무시하고 '같은 것이다'라고 말할 수 있다. 실제로 컴퓨터 기준으로 '다른 정보'라도 말이다.

딥러닝의 인공 신경망 구조 그림을 다시 보자. 이를 통해서 컴퓨터가 마치 사람처럼 추상화된 이미지를 가질 수 있게 되었다. 이름에서 알 수 있듯이 신경망을 인공적으로 따라 만든 것이 이 인공 신경망이다. 그렇다면 누구의 신경망을 따라한 것일까?

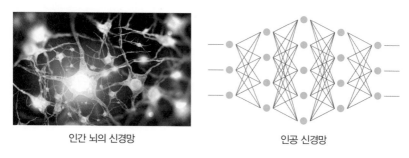

인간 뇌의 신경망   인공 신경망

인간 뇌의 신경망 모습과 인공 신경망의 모습 비교

바로 인간이 가진 뇌의 신경망을 따라한 것이다. 위 그림을 보면 점과 선으로 이루어진 신경망과 정보 전달 방식을 본 땄음을 알 수 있다.

컴퓨터에게 인간과 같은 인식이 가능하게 만들기 위해서, 인간의 지능을 흉내내기 위해 인간의 뇌가 갖는 신경망 구조까지 모방해 학습법을 고안한 것이 딥러닝이다.

로보틱 프로세스 자동화(Robotic Process Automation)

로봇(Robot)이 업무를 더욱 다방면으로 돕는다.

개인의 업무 자동화를 편하게 할 수 있도록 만든다. 개인 단위가 아닌 팀, 부서, 조직 전체의 업무 절차를 자동화하기 쉽게 만들고 자동으로 그 업무들을 처리한다. 결과적으로 업무 자동화는 개인에게도 기업에게도 이전보다 더욱 쉬운 것으로 다가오게 된다.

자세히 알아보기

로보틱 프로세스 자동화(Robotic Process Automation, 이하 RPA)는 그냥 '업무 자동화'와는 이름에서 상당한 차이가 보인다. RPA에서 로보틱(Robotic)은 컴퓨터 속의 로봇이 일해준다는 뜻이다. 그냥 자동화가 아니라 프로세스 자동화(Process Automation)인 이유는 그 컴퓨터 속의 로봇이 단일 업무만 자동화하는 것이 아니라, 그것을 포함해 자동화를 만드는 절차 자체를 돕는다는 의미가 함께 있다.

다시 말해 RPA는 누구나 업무를 자동화할 수 있도록 돕고, 해당 업무 자동화를 직접 수행하는 것까지 모든 과정을 해내는 것을 말한다. 예를 들어 보자. 일반적인 업무 자동화는 당신이 프로그래머가 아닌 경우, 다음과 같은 과정이 필요하다.

업무 자동화를 하려면 할 줄 아는 사람이 필요하다.

꼭 프로그래머는 아니더라도 업무할 때 사용하는 업무 툴(Tool)을 이용해서 자동화하는 방법[63]을 익힌 사람이 필요하다. 또는 자신이 업무 자동화를 해내기 위해서 자동화를 위한 학습에 긴 시간을 들여야 한다. 이 과정이 지난하고 괴롭기 때문에 보통 업무 자동화를 위한 준비를 하느니, 그 시간에 업무를 하고 만다. 이런 문제가 기존 업무 자동화 도전에 장벽이 된다.

더 큰 문제도 있다. 업무라는 것은 혼자서만 해서 되는 것이 아닌 것들도 많다. 자동화가 필요한 것은 오히려 이런 업무들이다. 다른 기업 또는 부서로부터 정보를 받아서 문서를 작성한 다음, 상급자에게 보고하고 결재가 된다. 그러면 결재가 된 사실을 다시 다른 기업 또는 부서에게 전달한다. 이 과정을 통해 나의 업무와 타 기업 혹은 부서가 업무를 동시 진행하게 된다. 이때 본인이 작성하는 문서를 자동으로 만드는 것보다 관련된 모든 사람들의 정보 취합부터 결재, 그리고 후속 업무 진행까지 자동화하는 것이 필요하다.

---

63 예를 들면 마이크로소프트 사의 엑셀(MS Excel) 프로그램에서 매크로(Macro) 기능 또는 연계해서 사용 가능한 프로그래밍 언어인 비주얼 베이직(Visual Basic)이 있다.

따라서 단순히 내가 나의 업무를 자동화할 수 있고 없고를 떠나서, 해당 업무에 포함된 절차상의 모든 업무가 자동화될 수 있게끔 본래 많은 인력이 투입되어야 한다. RPA는 이런 상황에서 '업무와 업무 자동화를 보다 편하게' 할 수 있도록 만들어 주기 위해 등장했다.

RPA도 무궁무진한 가능성이 있지만, 지금까지 RPA가 보여주고 있는 특징들을 간략히 이야기해보면 두 가지가 있다.

RPA는 첫째로, 프로그래머가 아니어도 사용할 수 있는 자동화 환경을 컴퓨터에 제공한다. 어렵고 복잡한 코드를 짜는 것이 아니라 직관적으로 이해할 수 있는 명령어들과 시각적인 요소들을 이리저리 조합하는 것으로 자신이 하려는 업무를 자동화할 수 있도록 돕는 것을 포함한다.

여기서 시각적인 요소의 활용과 RPA가 아직 이해가 잘 안 갈 수 있다. 흥미로운 분야에서 좋은 예가 하나 있는데, 2021년 발매된 닌텐도(Nintendo)의 '차근차근 게임 코딩'이 좋은 예다. 직접 게임을 만들어 보는 게임이다. 물론 이름에 걸맞게 최대한 쉽게 게임을 만들 수 있도록 했다.

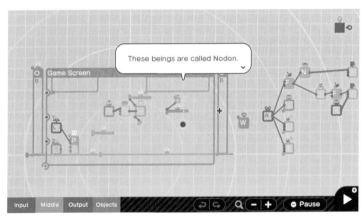

〈차근차근 게임 코딩〉에서 게임을 만드는 과정을 시각적으로 만든 모습

이해하기 어려운 프로그래밍 언어를 암기하는 대신에 게이머(Gamer)는 안내에 따라 두 상자를 선으로 연결하는 것(앞의 그림의 우측 모습)만으로 게임을 만들어 나갈 수 있다. 이 게임을 즐기는 사람은 '충돌' 상자와 '터짐' 상자를 선으로 연결하거나 '총을 쏜다'와 '소리01'을 연결하는 등 직관적인 방식으로 충돌하면 터지고 총을 쏘면 소리가 나는 게임을 만들어 나아갈 수 있다.

이처럼 복잡한 코드를 직관적으로 이해할 수 있는 시각적인 요소로 만들어 사용자가 쉽게 사용할 수 있게 만들어 주는 것처럼, 시각적으로 무언가를 다룰 수 있게 만들어둔 것을 '그래픽 사용자 인터페이스(Graphical User Interface, 이하 GUI)'라고 한다.

직관적인 시각적 요소들로 서비스를 이용하게 해주는 GUI로 자동화 난이도를 낮춘다.

어려운 단어라고 생각할 필요 없다. 문자와 숫자로 되어 알아보기 힘든 것을 시각적인 요소(그래픽, Graphic)로 쉽게 다루는 화면을 말한다. RPA는 이런 요소들을 활용해 업무를 자동화하는 것부터, 자동화된 업무를 실행하는 것까지도 쉽게 돕는다.

둘째로, RPA는 임직원이 업무를 보는 화면에서 어떤 업무가 어떻게 진행되는지 컴퓨터가 학습하여 업무를 자동화하는 것도 포함한다.

예를 들어 문서 양식 A를 화면에 열어놓고 내용을 기입하는 것을 몇 차례 반복할 경우, 해당 문서 양식 A를 기입하는 것을 자동화하기를 원한다면 매번 다르게 입력된 정보를 제외한 나머지는 RPA에서 자동으로 입력해줄 수도 있다.

이것은 GUI를 이용해 자동화할 업무를 만들어 주는 과정보다 훨씬 직관적으로 업무 자동화를 이뤄낸다. 다만, 업무 절차에 세밀한 조정을 하기 어려울 수 있다. 또한 다른 임직원의 업무와 함께 진행되어야 하는 업무 등 복잡한 절차의 업무 자동화는 학습시키기 어려우므로 첫 번째 RPA의 방식과 병행하여 이용될 수 있다.

결과적으로 종합해보면, RPA는 업무를 자동화하는 것과, 그 절차 전반을 구축하는 것을 일반적인 직원도 쉽게 할 수 있도록 만드는 것이다. 그리고 그렇게 만들어진 자동화 업무는 RPA 프로그램이 명령을 받은 대로 자동 수행해 업무 효율을 높인다.

■ 다른 정보기술 접목

그 과정에서 지금까지 언급된 데이터 분석, 인공지능 기술이 녹아들 수 있다는 것도 빼놓을 수 없는 강점이다. 예를 들어 데이터 분석과 인공지능을 다룰 줄 모르는 임직원의 경우다. 그러나 머신러닝을 통해 해낼 수 있는 일에 대해서 개념적으로 이해하고 있고, RPA가 도입되어 있다면 얘기가 기존과 달라진다. 자동으로 수행시킬 업무 중에 비지도 학습을 통한 고객 분류(Classification) 분석 결과를 보고서로 출력하는 것을 포함하면, 전공과 무관하게 그 임직원이 머신러닝을 활용한 업무를 진행시킬 수도 있게 된다는 뜻이다.

쉬운 이해를 위해 단순 보고서를 예로 들었지만 RPA를 통해 업무 자동화를 잘 이룬다면, 최첨단 정보기술을 이용한 분석 결과를 다른 업무와 연계해 더욱 많은 일들을 자동으로 해낼 수도 있다.

따라서 기업은 임직원이 과거보다 적은 시간을 들여도 업무를 더 효율적으로 할 수 있게 되는 것이기 때문에, 많은 기업이 RPA에 관심을 갖게 된다.

디지털 전환(Digital Transformation)

영향

디지털 전환으로 조직 내의 모든 곳을 유기적으로 연결한다.

일터에서 서로 다른 업무 영역을 잇는 일이 메일, 전화, 회의를 통해서 사람만 하는 일이 아니게 된다. 컴퓨터가 이곳에 끼어들어 유기적으로 두 곳을 연결시킨다. 정보는 보다 빠르게 흐르고, 각 업무 영역은 자동화가 되어 있어 받은 정보에 대한 대응도 신속하게 된다.

또한 조직 차원에서 모든 정보의 전달과 대응이 신속해진다. 사내 많은 영역이 유기적으로 정보를 주고받으며 동작하게 되면, 반대로 그 정보를 모아보고 대응하기도 쉽기 때문이다. 예를 들어 회사 각 부서에서 무슨 일이 벌어지고 있는지 실시간에 가깝게 한눈에 파악하고 의사결정을 내리거나, 발견된 고객 불만에 전사 차원에서 신속하게 대응할 수도 있다.

디지털 트랜스포메이션(Digital Transformation, DT 또는 DX, 이하 '디지털 전환')의 트랜스포메이션(Transformation)은 '전환'이란 뜻이다. 사람의 일이 컴퓨터가 하는 일로 일부 전환됨을 의미한다.

이때 의문을 갖게 된다. 평소 업무를 컴퓨터로 하지 않다가 컴퓨터로 하도록 전환하면 이를 업무 전산화라고 한다. 그리고 업무를 컴퓨터가 자동으로 처리하도록 만들면 자동화라고 한다. 그럼 업무 전산화, 자동화와 디지털 전환은 무슨 차이일까? 이미 컴퓨터로 업무를 대부분 보고 있는 곳은 디지털 전환이 완료된 것일까?

기업이 디지털 전환을 하는 이유는 기업의 목표를 보다 잘 달성하기 위한 전사 차원의 체질 변경을 위해서[64]라 하는데, 그동안의 변화와 어떻게 다른 것인지 알아보자.

■ 유기적 연결과 4차 산업혁명(4th Industrial Revolution)

'4차 산업혁명'이란 단어를 보자. 2016년 6월 다보스 포럼[65]에서 클라우스 슈밥(Klaus Schwab) 의장이 언급한 단어로 이후 많은 곳에서 다룬 단어다. 당시 첫 등장한 단어도, 완벽히 정의된 단어라고도 볼 수는 없었다. 그러나 4차 산업혁명이란 말에 열광하던 당시에 의미하던 바는 간단하고 강력했다. '정보(통신)기술을 통한 모든 것의 유기적 연결'이었다.

연결이면 연결인데, 유기적 연결은 무엇이 다를까? 예를 들어 A와 B 도시가 인접해 있다. B는 공업 도시라 공해가 심각하게 발생하고, 이는 A의 환경에 악영향을 미친다.

---

64 디지털 전환은 완벽히 하나의 문장으로 정의되지는 않았다. 그러나 공통되게 언급되는 내용은 조직(기업)이 목적을 달성하기 위해 그들의 모든 부문에 정보기술을 융합하는 것으로 보아 이하 설명을 진행했다(2021. 6. 29 기준).

65 세계 경제 포럼(World Economic Forum), 세계 경제에 대해 이야기하는 국제민간회의로 개최 이후 매년 스위스의 도시 다보스(Davos에서 열려 '다보스 포럼'이라고도 한다.

이 공해의 영향으로 A가 공기정화 상품 및 서비스가 발달하게 되었는데, 그러다 보니 공해 관련 사업으로 돈을 버는 A 도시민이 늘었고, 공해가 개선될 시기에는 A의 전체적인 소득이 줄어드는 일도 벌어졌다. 그래서 공해가 줄어들 것 같으면 A에서 B의 공장에 투자가 일어나기도 하고, 제조된 상품들을 대량으로 사주는 일도 벌어진다. B의 공장이 잘 돌아야 A도 살기 때문에, A가 B에게 즉각적인 영향을 주는 것이다.

두 도시 A, B와 같은 상태가 바로 유기적으로 연결된 상태다. 그저 도로만 연결되어 있었을 뿐이라면 두 도시의 변화는 상대에게 큰 영향을 미치지 않는다. 심지어 둘 중 어느 한 도시가 사라진다고 해서 문제될 것이 없을 수도 있다. 그렇지 않고 상호 영향을 주고받으며, 긴밀히 연결된 것이 유기적 연결이다.

4차 산업혁명이란 용어는 정보기술을 통해서 도시, 공장, 집, 개인 등 모든 곳이 이렇게 유기적으로 연결될 것임을 나타내는 말이었다. 이 단어가 크게 화제가 되기 전부터 계속해서 진전되어 가고 있던 일이지만, 이 이후로 정보기술을 통한 유기적 연결이 가능한 곳에는 4차 산업혁명이란 단어가 모두 붙었다.

결론적으로 정보를 단순히 주고받는 관계에서 나아가, 항상 흐르고 있는 정보 위에서 본래 따로 동작하던 부분이 유기적으로 연결되어 기능하는 곳이면 4차 산업혁명의 대상으로 삼았다는 말이다.

이제 유기적 연결에 대해 이해했으니, 디지털 전환 이야기는 쉬워진다. 기업의 디지털 전환 모색이란, 정보기술을 이용해 내부를 유기적으로 연결해서 회사의 목적을 보다 잘 달성하려고 한다는 것이다. 여기서 회사의 내부란 건물과 기기들을 포함해서 조직 내의 부서와 임직원들을 이야기한다.

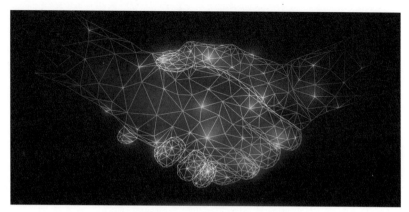

유기적 연결을 통해 부서 간 컴퓨터끼리 협력한다.

■ 디지털 전환의 바탕

디지털 전환의 기본은 당연 전산화다. 디지털 전환에서 어떤 부분이든 연결을 해주는 기술은 정보기술이다. 서류를 우편으로 전달하는 것이 불가능한 일은 아니지만, 혁신을 불러오는 새로운 연결의 형태는 아니다. 따라서 디지털 정보가 아닌 것이 있다면, 디지털 정보로 만들어 빠르게 주고받을 수 있는 상태로 만드는 것이 무엇보다 중요하다.

전산화가 디지털 전환의 모든 것은 아니지만, 그렇다고 해서 전산화 수준을 무시해서는 안 된다. 그렇지 않으면 디지털 전환을 하더라도 생각보다 쥐고 있는 디지털 정보가 별로 없을 수도 있다. 이 바탕을 확실히 짚고 넘어가지 않으면, 예상컨대 임직원 정보와 매출 정보 관련된 것만 디지털 정보화되어 있을 가능성이 높다.

이해하기 쉬운 예시는 센서(Sensor)의 존재다. 센서는 외부로부터 전달되는 다양한 정보를 디지털 정보로 바꿔주는 역할을 하는데 대표적으로 온도, 습도, 압력, 광 센서 같은 것이 있다. 사람이 온도계를 보고 기록할 필요 없이 센서가 자동으로 정보를 수집해서 디지털 정보로 저장하도록 돕는다.

이처럼 애초부터 정보의 수집과 저장을 컴퓨터가 할 수 있는 상태로 만드는 것도 항상 고려되어야 한다.

다음은 자동화(Automation)다. 각 위치에 있는 사람이 수작업으로 해야 하는 부분을 컴퓨터 또는 기계가 대신 알아서 하게 만드는 모든 것을 자동화라고 할 수 있다. 가장 쉽게 떠올릴 수 있는 예는 문서 작성 자동화다.

■ 디지털 전환의 목적과 대상

이제 기업 내 모든 부분을 전산화, 자동화 그리고 유기적 연결을 도모하면 그만일까? 그렇지 않다. 유기적 연결은 비용이 많이 든다. 쓸데없이 부서 간 유기적 연결을 하려고 하면 낭비가 될 수 있다. 유기적 연결의 표본인 인체를 예로 들면, 손가락 끝의 신경과 내장 중 하나의 움직임을 유기적으로 연결할 필요는 없을 것이다. 유기적으로 연결한다면 목구멍과 내장을 연결하는 것이 소화 작용에서 협업할 수 있기에 옳다.

그렇기 때문에 기업도 유기적으로 연결되었을 때 큰 효과를 낼 것으로 보이는 부서들을 중심으로 디지털 전환을 해야 한다. 디지털 전환의 목적에 따라 디지털 전환을 할 대상을 선정하는 것이 중요하다는 뜻이다. 소화를 목적으로 소화기관들이 서로 유기적으로 동작하는 것처럼 말이다.

우선 디지털 전환의 목적으로 꼽을 수 있는 구분은 크게 세 가지다. 기업 의사결정 구조 개선, 사업 구조 개선, 고객 서비스 강화다.

■ 목적 ① : 사업 구조 개선

사업 구조(Business Model) 개선을 위한 디지털 전환이다. 단순하게 받아들이면 좋다. 회사가 자신의 분야에서 더 많은 돈을 벌기 위해, 또는 비용을 절감하기 위해 디지털 전환하는 것이다.

효과적이고 효율적으로 사업하기 위한 디지털 전환

예를 들어 제조 공장과 납품 과정을 상상해볼 수 있다. 재료를 구하고 물건을 만든 다음 고객에게 판매하는 과정이 떠오를 것이다. 이 과정에서 수동으로 이루어지는 부분은 전산화와 자동화를 달성하고 총체적인 관리와 그 정보 확인을 쉽게 만든다. 이것만으로 생산성이 올라갈 수 있다. 뿐만 아니라 고객에게 납품하는 과정에서 납기일까지 적절하게 필요한 차량, 직원의 일정을 관리하는 것도 효율화할 수 있다. 나아가 전과정에서 요구되는 대금 수납과 대출 등의 금융적인 부분까지 제조부터 납품 일정과 연동해 자동으로 관리해서 인력 소비를 줄인다면 비용 절감도 꾀할 수 있다.

또 다른 예로는 현재 사업 구조상 고객에게 노출되는 방식, 고객으로부터 돈을 지불받는 방식을 디지털 전환하는 것도 그렇다. 과거에는 더 많은 고객에게 다가가기 위해 텔레비전(Television) 광고를 사용했다. 대신 고객에게 노출되는 시간당 비용을 지불할 수 있는 온라인 광고로 바꾸고 노출 시간에 따라 관련 직원이 능동적으로 대응할 수 있도록 구조를 만들 수도 있다.

더불어 고객이 일시불로 돈을 지불하고 상품을 구매하는 형태의 서비스였다면, 시대에 맞춰 한 번 지불하는 금액은 저렴하되 매달 스마트폰을 통해 지속적으로 지불하는 구독형(Subscribe) 서비스로 전환할 수도 있을 것이다. 이 변경점과 관련된 사내 부서가 해당 정보를 관리하고 회사가 앞으로도 빠르게 관리할 수 있도록 전사 차원에서 변화한다면 그것이 디지털 전환이 된다.

결과적으로 돈을 벌기 위한 사업에서 직접적으로 운용되는 부분 그리고 그 부분과 관련된 조직의 각 부서가 신속하게 대응할 수 있도록 변화시키고 유기적으로 만드는 것이 바로 이 사업 구조 개선 목적의 디지털 전환이다.

■ 목적 ② : 고객 서비스 강화

고객 서비스 강화를 위한 디지털 전환이다. 대표적인 실사례로 언급되는 것은 누구나 들어는 봤을 커피 매장 프랜차이즈 기업 '스타벅스(Starbucks)'다. 스타벅스는 매장에서 취합할 수 있는 고객의 정보를 시작으로, 그것을 활용해 매장에 보내는 재료와 그 외의 모든 것을 관리한다. 관련된 사람과 부서까지 일원화된 플랫폼에서 모든 정보를 다룰 수 있도록 만들었다. 단순히 정보를 한 군데서 모두 볼 수 있게 만든 것이 아니라 데이터 분석 및 인공지능과 결합하여 자동으로 필요한 결과값들을 관련 부서가 받도록 했다.

이런 전산화와 자동화가 갖춰진 환경에서 디지털 전환의 최우선 목적으로 삼은 것은 고객들의 경험이었다.[66] 이들은 고객이 편하게 주문하는 것이 매장 바깥에서도 가능해야 한다고 생각했다. 이 선주문(Pre-order) 시스템은 단순해 보이지만 그렇지 않다.

---

66 「스타벅스 CEO의 깜짝 고백 "매출 증대 일등 공신은 AI"」 한국경제 2021. 5. 26

디지털 시대에 살아남는 IT 지식

매장 도착 전 주문하고, 매장에 방문해 받는 고객 경험 강화

단 하나의 애플리케이션으로 고객과 가장 가까운 매장을 찾는 것부터, 정확하게 주문이 해당 매장에 반영되는 것, 고객이 매장에 도달할 때까지의 시간 계산과, 주문이 완료되었으면 고객에게 알려주는 것까지 부드럽게 기능해야 한다. 한국의 스타벅스에서 발전해 코로나 시기에 드라이브 스루(Drive-through) 스타벅스를 세계적으로 자리잡게 만드는 일등공신이 된 기능이다.

매장부터 본사까지 유기적으로 연결되기에 강화될 수 있는 부분이다. 음식료를 포함한 실물 상품을 판매하는 기업은 재료 수급이 중요하다. 회사 전체에서 관리하는 재료 공급 예상이 잘못되거나 잘못 전달되는 경우, 그 고객 경험을 망칠 수 있기 때문이다. 늘 같은 시간에 좋아하는 음료를 마시러 왔는데, 이른 시간임에도 다 떨어졌다면 충분히 고객 경험을 망친 것이니 말이다. 재료 공급 관리의 어려움은 모든 매장 정보가 본사와 함께 유기적으로 신속하게 관리되고 있기 때문에 낮춰질 수 있는 것이었다.

또한 계속해서 서비스를 개선하기 위해서는 이 사이에서 취합되는 모든 정보를 사내 관련 임직원들이 받아볼 수 있어야 하고, 개별적으로 분석해서 직원의 시간을 낭비하기보다 가능한 것들은 자동으로 분석 결과로 볼 수 있게 해줘야 한다.

고객들이 매장과 매장 바깥에서 경험하는 그들의 서비스가 어떤지, 고객으로부터 직원들에게 잘 전달되도록 만드는 것이 핵심이었던 것이다. 개선된 사항이 반영되면 관련 부서, 매장까지 발빠르게 적용하고 움직일 수 있도록 하는 것도 포함해서 말이다.

결론적으로 고객과 접점이 되는 부분 그리고 고객이 자사 상품 및 서비스에 더욱 빠지도록 만드는 부분을 집중적으로 디지털 전환해내는 것이다. 이것은 다양한 고객의 반응에 특히 민감해야 하는 산업에서 필요하다고 할 수 있다.

■ 목적 ③ : 기업 의사결정 구조 개선

마지막으로 기업 의사결정 구조 개선이다. 회사는 성장할수록 재직 임직원 수가 늘어날 수밖에 없다. 그렇기 때문에 갖게 되는 단점은 많은 직원들의 의견을 수렴하기가 힘들다는 점이다.

예를 들어 회사에서 좋은 아이디어를 구한다고 해보자. 각 부서에서 하나씩 좋은 아이디어를 제시하라고 한다면 어떤 일이 벌어질까? 반대로 모든 직원들의 아이디어를 무차별적으로 최종 결정권자인 대표이사가 직접 받겠다고 하면 어떨까? 각자 머릿속에 떠오르는 생각이 많겠지만 결론부터 얘기하자면 둘 모두 극단적인 단점이 있다. 아이디어가 심하게 가지치기 되거나, 너무 많은 아이디어에 좋은 아이디어가 묻힌다.

그렇기 때문에 많은 경우 단순한 정보 전달 구조를 유지할 수 없다. 해당 의견에 대한 몇몇 중간 평가 또는 아이디어를 내는 각 임직원에 대한 평가가 존재할 수 있도록 복잡한 구조가 짜여 있다. 가장 좋은 아이디어가 선별되도록 하기 위해서 말이다. 그리고 결정 권한을 가진 중간 관리자 또는 최종 의사결정권자가 확인하고 의사결정을 한다. 이때 핵심은 결국 기업은 '단순한 의사결정 구조를 가질 수가 없다'는 사실이다.

그러므로 그 구조 내에서 정보가 전달되는 과정 중에 많은 시간 소요가 있다. 메일을 작성하고 보내고 받고 확인하고, 각 과정에 상대가 대응을 하고 있는지도 알 수 없는 와중에 시간은 계속 가기 때문이다. 디지털 전환이 바로 이 부분을 개선할 수 있다.

의사결정을 위한 환경부터 그 후의 적용까지 물 흐르듯 해야 한다.

예를 들어 기업 내부에서 의사결정을 위해 필요한 정보가 신속하게 관련 임직원에게 도달하는 것은 당연 중요하다. 그들의 의사결정 또는 정보 전달이 잘 이루어지고 있는지를 관련된 임직원들이 언제든 재확인할 수 있도록 환경을 만드는 것도 필요하다. 또한 의사결정이 내려진 경우 관련된 직원들과 부서가 빠르게 확인할 수 있는 것은 물론이고, 결정 사항이 일정 수준 자동으로 적용될 수 있기까지 만드는 것이 필요하다.

결국 기업 의사결정 구조 개선이란 목적으로, 회사 임직원들이 사용하는 툴을 대상으로 디지털 전환을 하는 것이다. 그 결과 의사결정이 이루어지는 과정부터 의사결정 후 적용되는 과정까지를 신속하게 만드는 것이 될 수 있다. 이는 아이디어 또는 의견 개진과 결정에 따른 신속한 반응이 기업의 생사를 좌지우지하는 산업에서 중요하다 할 수 있다.

■ 확실한 목적의 유기적 연결

세 가지 목적과 디지털 전환 대상의 차이로 이야기를 쉽게 풀어보았다. 이해를 돕기 위해 다른 점을 중심으로 이야기를 진행했으나, 목적에 따라 늘 대상이 정확히 구분되는 것은 아니다. 사업 구조를 개선하는 것이 결과적으로 고객 서비스 강화가 되는 경우도 있고, 고객 서비스 강화는 의사결정 구조가 선행되어야 할 수도 있다.

디지털 전환의 특성은 유기적 연결이기 때문에 더욱 그렇다. 단순히 몇몇 부서의 업무를 전산화 및 자동화하는 수준을 넘어서 서로가 다루는 정보가 신속하게 서로에게 영향을 미치도록 만드는 것이 디지털 전환이다. 따라서 관련된 부서를 유기적으로 연결해 나아가다 보면 목적이 달라도 디지털 전환의 대상이 겹칠 수밖에 없다.

여기서 핵심은, 초기에 기업이 더 낫게 만들고자 하는 부분에 따라서 해당 부분에 집중적으로 디지털 전환이 요구된다는 점이다. 우리 몸이 새로운 운동 동작을 배울 때를 떠올려 보자. 어떤 동작이든 여러 근육이 유기적으로 움직여야 할 수 있다. 잘 해내기 위해서 반복하다 보면 해당 근육과 연결된 신경이 굵어지고, 과거보다 섬세하게 힘 조절을 할 수 있다. 불필요한 근육과의 유기적 연결을 발전시키지는 않는다. 그 결과 처음에는 어려운 동작도 곧잘 해낼 수 있다.

회사도 마찬가지다. 최종적으로는 회사 전체가 디지털 전환을 통한 혁신의 대상이 될 수 있지만, 최초에 전환하는 데 힘을 집중해야 하는 부분은 목적에 따라 다를 수 있다는 말이다.

만약 스타벅스가 처음부터 기업 내 의사결정 구조, 고객 서비스 강화, 사업 구조 개선 등 모든 부분에서 디지털 전환을 완벽히 해내려고 했다면 이런 사례로 등장하는 것이 가능했을까? 그랬을 수도 있겠지만, 시간을 포함해 보통 비용이 소진되는 일이 아니었을 것이다.

디지털 시대에 살아남는 IT 지식

그러므로 디지털 전환의 목적과 그에 따른 전환 대상을 잘 선정하는 것이 디지털 전환에서 중요한 부분이라 할 수 있다.

■ 사회의 디지털 전환

그렇다면 회사가 하는 것만이 디지털 전환일까? 그렇지 않다.

조금만 시각을 확대해보자. 국가도, 공공기관, 자선단체도 조직이다. 형태와 목적은 기업과 차이가 있지만, 국가 차원에서도 목적을 가지고 디지털 전환을 할 필요가 있을 수 있다. 나아가 국가 내부만이 아니라 외부, 즉 세계적으로 유기적인 연결을 꾀하는 것을 포함해서 말이다. 이처럼 단순히 기업의 디지털 전환만이 아니라, 연결에서 유기적 연결로 나아갈 수 있는 모든 곳은 디지털 전환이 가능한 곳이다.

이 이야기는 여기서 끝나지 않는다. 이후 '스마트(Smart)'라는 주제와 함께 계속해서 만나게 될 것이다.

04

삶에 관한 정보

사람은 살면서 많은 정보를 활용하는 것뿐만 아니라 만들어 낸다. 예를 들어 하루에 커피를 몇 잔 마시는지도 정보다. 카페를 운영하는 사람에게는 고객의 정보로 다가오고, 가계부를 작성하는 사람에게는 소비 지출을 관리하는 데 필요한 정보다.

한 사람이 만들어내는 정보는 그와 관련된 분야에서 활용될 여지가 높다. 우리 모두가 살아가며 만드는 정보로 넓혀 생각해보면, 이것을 수집하거나 활용하는 데 특화된 정보기술 용어들이 있을 것으로 생각해볼 수 있다. 그것들은 내가 활용할 수 있거나, 원치 않아도 내 삶 전반에 영향을 주게 되는 것일 수 있다.

정보통신기술(ICT)

영향

통신을 통한 유기적 연결에 제한이 사라진다.

컴퓨터 몇 대 수준보다 큰 개념들이 유기적 연결되는 것이 당연하게 된다. 도시와 도시처럼 이전에는 유기적으로 연결되기 힘들어 보이던 것들도 유기적 상호작용의 가능성이 오른다.

단순하게는 삶의 편의성이 오르는 영향이 있다. 나아가서는 컴퓨터가 가능하게 만드는 일들이 단순히 업무 프로그램을 다룬다는 의미 이상으로, 많은 곳들과 연결되어 과거에는 불가능했던 다양한 업무가 가능해진다.

자세히 알아보기

정보기술 관련 용어들에 대해 관심 있게 알아가다 보면 맞닥뜨리게 되는 한 용어가 있다. 바로 정보통신기술(Information and Communications Technology)이다. 약자가 ICT로 정보기술의 약자 IT와 단 한 글자 차이밖에 나지 않는다. IT와 ICT 사이에 다른 한 글자는 무엇인가? 통신(Communications)의 'C'이다.

정보, 통신, 기술

정보기술과 통신기술을 한데 묶어서 부르는 것이다 보니, 단순히 '정보기술보다 더욱 발전한 개념인가?'라고 생각할 수 있다. 그럴 수도 있지만 아니기도 하다.

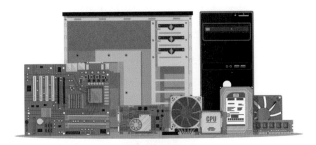

컴퓨터 내부 부품

정보기술이 사용되는 컴퓨터 부품을 보자. 정보를 다루기 위해서는 컴퓨터 안에 있는 다양한 부품들의 전력을 사용하며 전기 신호를 주고받고 때로는 정보를 저장하도록 만드는 기술이 사용된다. 이때 전기신호를 주고받는 것이 통신이다. 부품 내부적으로도, 부품 간에도 통신은 이루어진다. 즉, 정보기술에서 통신을 사용하지 않기 때문에 정보통신기술과 차이가 있는 것은 아니라는 말이 된다.

그렇다면 정보통신기술은 어떤 모습에서 정보기술과 차이를 찾아볼 수 있을까? 다른 기업과 공공기관 또는 외부 집단과 협업하는 경우를 생각해 보자.

보통은 각 부서에서 일하는 직원들이 컴퓨터를 사용해 정보를 정리하고 전달하며 소통하면서 일하는 모습을 상상할 것이다.

이들을 유기적으로 연결하려면 대량의 정보가 통신을 통해 안정적으로 흘러야 한다. 과거에는 불안정했지만, 통신기술도 정보기술처럼 발전을 거듭해 높은 속도와 안정성을 갖추게 되었다. 그래서 더 거대한 규모에서 통신기술을 기본적으로 활용하는 방안을 모색하게 된다.

이런 기술 활용 영역의 확장에서 등장하게 된 용어가 정보통신기술, ICT라 할 수 있다. 각 집단들은 정보기술을 이미 활용하고 있지만, 과거에는 유기적으로 상호 연결되지 않았던 곳들이었다. 보다 좋아진 통신기술을 접목하며 대량의 정보들이 유기적으로 연결되는 것이다. 이전보다 대규모의 정보가 다뤄지는 영역에서 통신기술을 활용하여 정보기술을 이용하면 정보통신기술이란 접근이 이루어진다는 뜻이다.

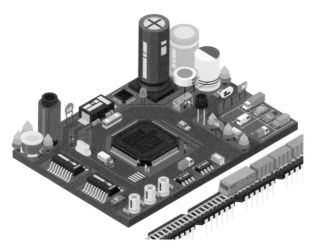

컴퓨터 부품 내에서 통신이 이루어지던 것을 도시급으로 영역을 확장한 것

서로 다른 부문이 정보통신기술을 통해 유기적으로 연결되어 일한다고 할 때, 사람들이 이메일을 주고받고 회의하며 일하는 것을 의미하지 않는다.

디지털 시대에 살아남는 IT 지식

그것은 본래도 가능했던 형태다. 정보통신기술을 통한 '연결'은 서로 다른 부문의 컴퓨터들이 보관하고 정제한 정보들을 자동으로 주고받고, 상대방이 보낸 정보를 자신들의 부문에 자동으로 적용하는 모습을 상상하면 된다.

예를 들어 기상청과 전력 공사의 경우다. 첫째로 기본적인 방식의 업무다. 기상청에서 수집하고 예측한 날씨 관련 정보를 담당 직원이 컴퓨터로 정리해서 전력 공사의 태양광 패널 및 저장 전력 관리 담당 직원에게 보낸다. 일조량이 충분한 날일 때는 태양광 패널을 통해서 충전되는 전력을 평소보다 더 많이 사용될 수 있도록 보고한다. 충전지는 일정 수준 이상 충전될 수 없고 일부 버려질 수 있기 때문이다. 컴퓨터로 업무할 때는 최신의 프로그램이 사용되었다.

둘째로 정보통신기술 발전에 따라 업무를 자동화한 경우다. 기상청에서 수집하는 정보가 있고, 과거 정보에 따라 정확한 예측이 가능하도록 연구 직원들이 참여해 만든 예측 프로그램이 있다. 프로그램이 사용하는 기상 정보와 예측 정보 모두 컴퓨터 속 정보이므로 이메일로 작성하여 보내는 절차를 거칠 필요가 없다. 이 정보가 필요한 곳에서 곧장 수신 받는다. 전력 공사의 컴퓨터는 수신 받은 정보를 담당 부서 컴퓨터에 보낸다. 컴퓨터는 당일 전력 사용 비중을 구성할 때 태양광 발전을 통한 전력이 더 많이 사용되도록 비율을 조정한다.

두 업무 방식의 차이점이 느껴지는가? 전자와 후자 모두 정보기술의 핵심인 컴퓨터를 사용했다. 하지만 기상청과 전력 공사의 각 관련 부문이 정보를 주고받고, 실제 업무를 하기까지 과정이 달랐다. 후자가 정보를 다룸에 있어서 '통신기술'의 활용이 강하다. '이런 경우에 정보통신기술이란 용어가 사용되는구나' 정도로 생각하면 이해가 쉬울 것이다.

스마트(Smart)

영향

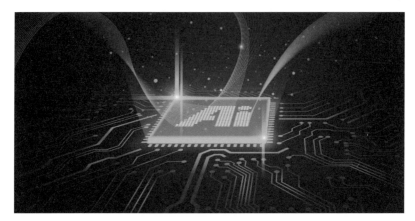

똑똑한 부품이 어디든 들어가 스마트(Smart)하게 만든다.

컴퓨터, 휴대폰 외에도 사람 사는 주변의 많은 물건과 공간 그리고 개념들이 똑똑해졌다. 보다 다양한 방식으로 사람이 원하는 일을 알아서 척척 해주는 것들이 늘어났다. 삶의 편의성과 받을 수 있는 서비스의 질이 증대했다. 또한 제품을 제작할 때 사용자를 위해 무엇을 해줄 수 있는지 과거보다 더 많은 서비스 가능성을 고려해야 한다.

자세히 알아보기

'스마트'는 똑똑하다는 의미로써 다른 단어 앞에 합쳐져 사용되고 있다. 이는 고성능의 컴퓨팅, 컴퓨터 역할이 가능하다는 뜻이다. 쉽게 말해 다양한 기능을 제공할 수 있게 되었다는 말이다. 다음은 연결성(Connectivity)이다. 수많은 정보를 보내기도 받아들이기도 한다는 말이다.

대표적으로 스마트폰은 휴대전화가 많은 기능을 탑재하게 되었다는 의미가 된다. 전화, 메시지를 넘어서 인터넷 연결과 함께 자유로운 애플리케이션 설치와 그 애플리케이션의 수많은 기능들이 기계가 똑똑해졌음을 체감하게 만든다.

즉, 앞으로 스마트가 붙은 다른 용어들을 알아보면서 복잡하게 말고 이렇게 생각하자. '스마트 ○○'이라면, 정보기술을 이용해 '○○'에 많은 기능을 추가하거나 개선하는 것이다. 그리고 '○○'을 다른 제품 및 서비스와 연결(연동)시켜 활용함으로써 더욱 다양한 기능을 발휘하도록 한다. 이 두 가지가 핵심이 된다.

■ 사물인터넷(Internet of Things)

'스마트-'가 붙는 것들은 '연결성'을 가지고 있다. 많은 물건에 소형 컴퓨터와 함께 통신으로 연결 가능한 상태가 될 수 있어서 그렇다. 우리 주변의 많은 사물(Things)들이 인터넷(Internet)을 하는 것, 항시 인터넷에 연결된 상태로 통신을 통해 정보를 주고받으며 동작 및 관리될 수 있게 된다는 것이다. 사물인터넷(Internet Of Things, IoT)은 그런 환경이 일상 속에 파고들 것으로 예상되면서 널리 알려진 단어다.

사물인터넷이란 단어가 대중적으로 알려지기 전에, 가장 먼저 컴퓨터처럼 사용되고 인터넷에 연결된 친숙한 사물은 무엇이 있을까?

■ 스마트폰(Smart Phone)

공상과학 영화에서 종종 다루는 것처럼 인간의 뇌와 신체를 기계로 대체하며 컴퓨터를 심는 것은 쉬운 일이 아니다. 그나마 인간의 뇌와 신경 계통을 보조하는 정도만 기대되는 수준이다.

그러니 인간이 사고하는 데 컴퓨터의 보조를 받거나, 인간이 하는 행동 및 생각하는 모든 것들을 전자 정보로 만들기는 어렵다.

또한 뇌에 컴퓨터를 연결하는 것은 기술적인 문제뿐만이 아니라 사람을 대상으로 몸에 이상이 생길 가능성이 높거나, 본인의 자아를 잃을 수 있는 수술이 행해지는 것이기 때문에 윤리적으로도 문제가 된다. 결국 스마트 휴먼(Smart Human)이라고 부를 만한 인간의 업그레이드는 쉽지 않다는 뜻이다.

하지만 과거에 비해서 전자 정보를 어느 위치에서든 사람에게 신속하게 전달해주고, 반대로 사람이 하는 행동, 현재 위치 등을 가능한 한 전자 정보로 바꿔주는 기기는 있다. 바로 '스마트폰'이다.

이 기기는 단순히 삶을 편하게 해주는 것 이상으로 의미가 있다. 다른 스마트한 것들과 인간을 가장 가까이에서 연결해주는 기기이기 때문이다. 인간 몸 안에 넣을 수는 없었지만, 외부에 가장 작은 컴퓨터가 항상 손에 들려 있다는 사실, 이것이 중요한 부분이다. 한 개인에게 컴퓨터가 탑재된, 연결성을 부여하는 것이기 때문이다.

■ 스마트 카(Smart Car)

개인 단위 다음으로 휴대폰보다는 멀지만 사람과 가까우면서도 이동 가능한 것이 있다. 운송수단, 바로 '차'다. 차에 보다 높은 성능의 컴퓨터가 탑재되고, 차가 다른 곳들과 통신을 주고받으며 달린다. 이것이 우리 삶에 어떤 변화를 가져올까?

■ 자율주행차(Self-driving Car)

스마트 카를 대표하는 가장 먼저 떠오르는 이름, '자율주행차'이다. 원할 때는 탑승객이 운전대를 잡고 운전자가 될 수도 있지만 반드시 차량이 직접 운전해야만 하는 것은 아니고 원할 때 자동 운전이 가능하다. 자율주행차는 자동운전 차량(Autonomous Car)을 의미하기도 한다.

사람이 손대지 않아도 자동으로 먼 곳까지 데려다 주는 상상은 금방 가능하다. 상상만으로 편해 보이고 즐겁다. 길이 막혀 조금 지루할지라도 운전자가 느껴야 하는 피곤함은 덜 할 것이다.

물건을 여기에서 저기로 옮기는 모든 산업, 물류업(Logistics)에 큰 영향을 줄 수 있다. 만화영화에서 등장하는 공간 이동, 순간 이동이 가능해지지 않는 이상 물건을 옮기는 산업은 인류에 절대적으로 중요하다. 자율주행차의 또 다른 모습, 무인 자동차(Driverless Car)는 여기에 변화를 준다. 자율주행으로 사람이 운전을 하지 않는 탑승객으로만 있을 수 있다면, 애초에 사람이 탈 필요조차 없는 경우도 있다.

승용차 외에도 차량의 종류는 많다.

조금 더 자세히 알아보자. 2020년 3월 전세계에 코로나 바이러스의 새로운 변종인 COVID-19가 위협을 가했다. 이후 1년이 지난 2021년 3월 현재까지 위협은 끝나지 않았지만 세계 많은 국가들이 경제를 살리기 위해 노력했고, 경제가 되살아날 것이란 희망을 많은 사람들이 갖게 되었다. 그러자 사람들이 소비하는 상품들 중 일부 품목에서 가격 급등 현상이 나타났다.

상품의 가격은 여러 가지 요소에 복잡하게 영향을 받기 때문에 단 한 가지 이유로 가격 급등을 설명할 수는 없다. 다만, 물건을 옮기려면 사람이 접촉하는 일도 일어나야 한다. 많은 사람들이 투입되고, 옮기는 과정에 운송수단을 움직이는 것도 사람이다. 그러니 바이러스가 감염되지 않도록 강화한 방역 절차는 모든 부분에서 업무처리 속도를 지연시키거나 아예 막게 된다. 실제로 많은 물류 서비스는 2020년에 악영향을 받았다. 국가 간 교류의 핵심인 배를 통한 교류가, 방역을 위해 항만이 폐쇄된 경우도 있었다.[67] 이로 인해 공급 부족으로 가격 급등이 일부 일어났다.

그렇다면 운송수단이 스스로 움직일 수 있게 된다면?

첫째로, 사람이기 때문에 거쳐야 하는 절차를 무시하거나, 통신을 통해 자동으로 처리하며 물건을 운송할 수 있다. 예를 들면 바이러스에 대한 방역이 필요한 경우에도 사람이 탑승하고 있지 않기에 빠르게 통과할 수 있다. 바이러스는 특별한 환경이 아니라면 생물의 체내가 아니면 오래 생존하지 못한다. 사람이 감염되어 바이러스가 이동하는 것보다는 문제 해결이 훨씬 간단하다.

사람이 접촉하지 않도록 무인 자동차 또는 운송수단이 활용되면 절차가 단순화된다. 동시간에 더 많은 물량을 이동시킬 수 있게 된다.

---

67 「코로나19에 멈춰가는 항구⋯항만 물동량 3개월 연속 감소」 중앙일보, 2020. 06. 21

둘째로, 무인 운송수단은 인건비가 들어가지 않는다. 이외에 부수적으로 신경 써야 되는 부분이 없다. 운송수단을 움직이는 에너지원인 석유, 가스 또는 전기가 충분히 공급되면 그만이다.

물론 무인 운송수단을 도입하고 운용할 때 들어가는 비용이 사람이 운전할 때보다 비싸다면 물류 산업에서 무인 운송수단을 활용하는 것은 요원한 일일 수 있다. 그러나 기술발전이 더욱 빨라져 무인 운송수단을 도입하는 비용도 기업에서 투입에 대한 고려 가능한 만큼 낮아질 수 있다.[68]

■ 커넥티드 카(Connected Car)

스마트 카에서 놓쳐서는 안 되는 명칭 커넥티드 카도 있다. '연결된 차'라는 말인데, 무엇과 연결된 것이고 어떻게 연결된 것일까? 통신으로 이 차가 아닌 다른 곳의 정보를 주고받을 수 있는, 외부와 연결된 상태를 유지하는 차가 되는 것이다.

차량에 부착된 내비게이션(Navigation)이나 스마트폰에 있는 애플리케이션을 통해 길 안내를 받아 운전하는 모습을 머리에 그려보자. 이때 길 안내를 위해 제공되는 정보는 외부에서 전달해준다. 차량에 탑재된 컴퓨터가 지도 정보를 가지고 있는 경우도 있지만, 이 경우에도 차량의 현재 위치는 위성을 통해 확인한다. 외부에서 전달해주는 정보의 도움을 받아 운전을 편하게 만들어주고 있는 대표적인 기능이다.

얼마나 다양한 일들이 가능해질까? 크게 두 가지 상황으로 분리해서 상황을 그려볼 수 있다.

---

68 무인 운송수단은 책임을 질 수 없다는 것도 추가로 알아야 한다. 운전자가 사람이면 발생시킨 문제에 민법, 형법 또는 규정상 책임질 대상이 된다. 무인 운송수단이 문제를 일으켰을 때 책임자가 누가 되며, 그것을 사용한 기업이 책임을 진다면 어떻게 얼마나 책임을 져야 하는지에 대한 부분도 확인해야 한다. 반대로 무인 운송수단이 자신의 등하교, 출퇴근길을 오가고 있다고 상상해보자. 그것에 사고를 당했을 때 누구에게 문제 제기를 하고, 누구로부터 보상을 받을 수 있는지에 대한 문제이기도 하다. 충분한 사회적 논의가 필요한 지점이다.

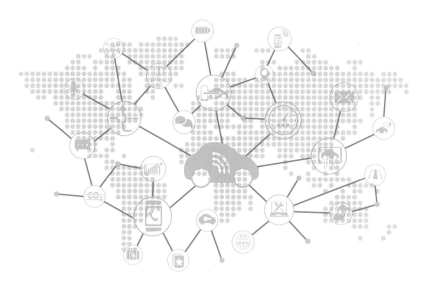

연결은 다양한 서비스를 가능하게 만들 것이다.

첫째로 다른 차량과의 연결이다. 일정 거리 이상 근접한 차량과 정보를 주고받는다. 단순히 어떤 물체와 가깝다는 경고음을 울리는 것에서 끝나는 것이 아니라, 접근한 것이 차량인지 아닌지도 판단할 수 있다. 또한 어떤 차량인지 구분하는 것도 중요할 수 있다. 구급차, 소방차 또는 경찰차를 떠올려보자. 이 차량들은 일반적인 이동을 할 때도 있지만 비상 시가 존재한다. 차량 위쪽에 설치된 사이렌(Siren)이 작동하며 이동해야 하는 때다. 이때 상황에 맞추어 주변 차량들이 자동으로 반응할 수 있다. 사람이 운전할 때는 자연스럽게 비켜날 수 있지만, 이런 차량과 차량의 연결을 통해서 자동차가 스스로 대응하여 운전하기도 한다.

둘째로 주변 환경과의 연결이다. 차량과 가장 가깝게는 도로, 멀게는 도시와 연결되는 것을 의미한다. 인근 차량과 정보를 주고받는 것은 신속하고 간단할 수 있지만 보다 광범위한 대응이 필요할 때 부족하다.

디지털 시대에 살아남는 IT 지식

예를 들어 도로 중간에서 차가 멈췄을 때, 운전자는 차에서 내려서 차가 멈춰 있다는 사실을 알려주는 경고 패널을 차량 후방에 거리를 두고 놓아야 한다. 그래야 같은 도로를 달리는 다른 차량이 추돌하는 것을 막을 수 있다. 그러나 도로 한복판에서 이 패널을 두는 것도 공포스러울 수밖에 없다. 더불어 당황한 상태에서 어떤 곳에 도움을 받고 알려야 하는지 신속하게 대응하기 어렵다. 이런 상황에서 커넥티드 카는 지정된 순서에 따라 컴퓨터의 속도로 다음처럼 대응할 수 있다.

차량이 도로 한복판이라는 것을 확인한다. 어떤 차선에서 주행 중이었는지 확인하면 된다. 멈추고 일정 시간 안에 다시 운행되지 않았는지는 커넥티드 카 자신이 안다. 도로공사에 알리면서 동시에 소방 및 구급대에 경고 신호를 보낸다. 추가 사고가 난 것은 아니지만 필요 시 신속하게 대응할 수 있도록 기록을 남긴다. 도로공사는 해당 도로의 특정 차선에 멈춰선 차가 있다는 정보를 받음과 동시에 도로에 진입했거나, 다른 차량들이 알 수 있도록 정보를 전달한다. 이 정보를 받은 차량은 해당 차선 주행을 피하도록 주행하고, 사람이 운전하는 차도 사고 위험 경고를 사전에 받을 수 있다.

나누어서 이야기하긴 했지만, 커넥티드 카와 자율주행차는 떼어놓고 생각해야 하는 것은 아니다. 자율주행을 위해서 차에 내장된 컴퓨터는 외부로부터 많은 정보를 받아 비로소 원활한 자율주행을 할 수 있게 되기도 한다.

■ 스마트 홈(Smart Home)

'스마트' 이야기의 출발점에서 사물인터넷에 대해 언급했다. 사물인터넷이란 단어를 제시할 때 가장 많이 사용된 이미지와 콘셉트라면 편안하게 쉬고 잠을 청하는 집의 많은 사물들이 더 똑똑하게 동작하고 관리되어 우리들의 삶을 편하게 만들어준다는 것이다. 즉, 집이라는 공간이 스마트해지는 것이다.

예를 들어 부엌과 냉장고부터 상상을 시작해보자. 냉장고 안에는 다양한 식재료를 넣어둔다. 어떤 식재료는 넣어두었다는 사실을 잊어 상하고 아깝게도 음식물 쓰레기로 만들어 버리기도 한다. 반대로 자주 사용하는 식재료가 떨어졌는데, 그 사실을 모르거나 잊어버리는 경우도 있다. 이때 냉장고가 고성능의 컴퓨터를 탑재하며 내부에 몇 가지 센서를 부착하고, 개인의 스마트폰과 연동된다면? 냉장고에 넣은 채로 오래된 것, 내용물이 거의 없는 채로 방치된 용기 등을 냉장고 내부에서 발견하게 되었을 때 스마트폰으로 알림을 줄 수 있다. 또는 냉장고 외부에 부착된 작은 화면에 경고를 표시할 수도 있다. 음식이 상했거나, 부족하다는 사실을 말이다.

각 가전기기를 모두 연결하여 냉장고, 전자레인지, 텔레비전, 컴퓨터, 에어컨, 전등, 현관문의 도어락(Door-lock), 스마트폰 등이 유기적으로 동작할 수도 있다. 예를 들어 스마트폰이 방안에서 진동으로 울리고 있을 때, 사람이 현재 사용 중이거나 가장 가까운 기기를 찾아 화면에 스마트폰 연락 알림을 대신 전달하는 것도 상상해볼 수 있다.

그런데 보다 적극적으로 집안 물건들에 명령을 내릴 수는 없을까? 가전기기가 스마트하게 동작하는 것 이상으로 사람의 명령에 응답해 일하도록 말이다. 컴퓨터와 스마트폰을 이용하면 가능한데, 스마트 홈이란 단어의 등장과 함께 새롭게 회자된 것은 없을까? 물론 있다.

인공지능 스피커(Artificial Intelligence Speaker)가 그런 것을 가능하게 만드는 대표적인 상품이다. 인공지능 스피커는 이름에 스피커가 들어가지만 소리를 내는 일만 하지 않는다. 사람의 음성을 듣고 분석해서 이해하는 역할을 한다.[69] 인간의 말이 갖는 의미를 이해하고 그에 맞는 동작을 한다.

---

69 '머신러닝' 주제에서 다뤘듯 인간의 언어는 기계 입장에서 '자연어'로 기계들이 사용하는 언어와는 다르기 때문에 자연어는 컴퓨터가 이해할 수 있는 언어로 변환되어야만 한다.

한층 색다른 경험을 만들어주는 인공지능 스피커와 스마트 홈

　예를 들어 인공지능 스피커의 상품명을 부르거나, '켜줘'라고 하면 동작을 시작한다. '거실 불을 켜줘'라고 하면 거실의 전등을 켠다. 이때 인공지능 스피커는 단순히 버튼을 누르는 것 정도로 할 수 있는 일만 하지 않는다. 그래서는 버튼 대신 음성을 통해 명령을 내린다는 차이일 뿐 '스마트'하다고 느끼기에는 부족하다.

　인공지능 스피커는 자신을 통해서 명령을 내리고 만족하거나 만족하지 못하는 경우에 대해 꾸준히 기록함으로써 인공지능 스피커를 이용하는 사람에 맞추어 발전한다.

　예를 들어 저녁 시간에 현관문의 도어락이 동작하며 열리고 나면 한동안 작동하지 않았던 냉장고 문이 열리거나, 스마트폰이 집에서 사용하는 무선 인터넷에 연결되는 것을 확인함으로써 사람이 집에 들어왔다는 것을 알 수 있다. 저녁 시간에 귀가한 사람이 냉장고의 맥주를 꺼내 마시며 텔레비전을 켜서 뉴스를 본다는 것도 잦은 기록으로 학습한다. 인공지능 스피커는 충분한 학습 이후, 귀가한 사람이 냉장고를 여는 순간 인사를 건네며 물을 수 있다. '늘 보던 채널로 텔레비전을 켤까요?'라고 말이다. 집이 알아서 내게 맞춰 행동하는 스마트 홈으로 한걸음 나아가는 것이다.

또한 하나의 인공지능 스피커가 기록한 정보만 활용하는 것이 아니라, 외부와 통신을 통해서 모든 인공지능 스피커가 모은 정보의 분석 결과까지도 활용한다. 이를 통해 집이 보다 적극적으로 사람과 상호작용한다는 느낌을 받을 수 있다.

■ 중간 체크 포인트

휴대폰과 차, 집이 스마트해졌을 때를 알아보았다. 그럼 다음은 무엇일까? 사실 무엇이든 될 수 있다.

'스마트-'의 핵심은 이것이다. 세상 어떤 물건이든 컴퓨터의 능력을 갖추고 서로 연결될 수 있다. 각 물건이 할 수 있는 일이 다양해진다. 물건들이 연결되어 공조할 수 있으니 가능한 일은 더욱 늘어난다. 컴퓨터 부품과 인터넷 환경을 통해서 말이다. 결론적으로 모든 물건이 더 높은 수준의 정보기술의 대상이 될 수 있어서 그렇다.

따라서 본 주제의 요지는 '스마트-'가 붙기로 정해진 용어들을 이해하는 데 한정되지 않는다. 스마트해졌거나, 스마트하게 만들고 있는 곳들의 핵심을 이해하고 미래의 가능성을 생각하기 위해서다.

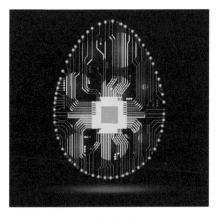

스마트한 무엇이든 될 수 있다.

핵심을 기억하고, 갇히지 말고 상상하길 바란다. 이후의 '스마트○○'들은 뉴스에서 많이 회자된 것들을 중심으로 알아보면서 상상의 폭을 넓히기 위해 제시되는 것들일 뿐이다. 여기 등장하지 않는 공간이라고 하여 스마트해질 수 없는 것은 아님을 알아주길 바란다. 앞으로는 계속해서 '이곳도 스마트가 가능하면 저곳도 되겠네?' 식으로 생각하자.

■ 스마트 팩토리(Smart Factory)

휴대폰, 자동차, 집 다음은 공장(Factory)이다. 스마트 팩토리는 스마트 제조(Smart Manufacturing)라고 지칭하는 경우도 있다. 공장이라는 공간을 중심으로 지칭하는 것이 아니라 각종 기계를 사용해 물건을 만드는 과정인 제조를 스마트하게 만든다는 관점에서의 단어다. 제조 공장의 모습에 갇히지 않고 생각해볼 수 있다.

제조 과정을 스마트하게 만드는 것

중요한 점은 공장과 제조라는 단어 모두 물건의 생산과 관련되며, 생산 과정을 스마트하게 만든다는 것이다. 따라서 지금까지 살펴본 것이 사용자의 편의성을 개선하는 개념이었다면, 이번에는 생산성을 향상시키는 방법을 고민해 적용하는 것으로 이해할 수 있다. 제조 과정 중의 근로자 편의성과 안전을 도모하는 데 정보기술이 활용되기도 하겠지만, 궁극적으로 그것들을 챙기는 것도 모두 생산성과 관련 있는 것이기 때문이다.

제조 과정에서 생산성을 높이기 위해 정보기술을 활용해 연결될 부문은 다음과 같다. 제작할 제품의 기획 및 설계, 제조 방식의 결정, 제조 과정, 제조된 상품의 판매, 판매된 상품의 관리 및 유지 보수 그리고 전체 이 모든 과정의 관리 부문이다.

예를 들어 일반적으로 각 과정은 사람이 연결하고 있다. 장난감 하나를 만든다고 했을 때 기획과 디자인, 상부 설득 과정을 지나 결과를 이메일 또는 사내 시스템을 통해 다음 단계로 전한다. 다음 단계에선 본 부문이 할 일을 한다. 이런 식으로 일이 진행되기 때문에 변화에 신속하고 유기적으로 대응하기 힘들다.

이때 스마트 공장 또는 스마트 제조를 하기 위한 환경 구축이 완료된다면 다르다. 장난감의 색상은 미리 결정하기보다는 도료의 가격을 어느 정도 확정하는 것까지만 업무를 진행한다. 실제 장난감의 색상은 주문 시에 고객이 다양한 색상 선택지 안에서 직접 선택할 수 있도록 한다. 기획에 따라서는 색상 외에도 외부 모양 일부는 만드는 단계에서 고객 요청에 따라 다른 모양으로 제조하는 고객맞춤형 상품도 가능하다.

제조 과정이 유연해지면, 고객 입맛에 맞는 상품을 생산하기 좋아진다.

본래라면 재료의 구매는 대량으로 한 번에 이루어진다. 한 번 재료 구매를 결정하고 제조 공정을 결정할 때 드는 시간 소요가 상당하기 때문이다. 그러니 선택이 잘못되면 수정하기 힘들고, 고객이 많이 구매하지 않을 색상을 구매해 공장 입장에서 비용이 크게 발생하는 것을 막아야 하므로 다양한 선택지보다는 좁되 확실한 소수의 선택지를 제공할 수 밖에 없다.

　그러나 고객이 장난감을 구매하는 홈페이지, 공장에서 도료를 구매하는 재료 구매 시스템, 재료 판매 기업의 시스템, 장난감을 실제로 만드는 공정까지 서로 유기적으로 연결되어 있으면 얘기가 달라질 수 있다. 각 과정에서 갱신되는 정보는 바로 다음 과정으로 신속하게 전달되고 영향을 주는 환경이다. 공정 전체가 신속하게 돌아가므로 공장은 효율적으로 돌아가면서도 고객은 다양한 선택지를 얻는다.

　이처럼 스마트 제조 과정을 갖추는 것은 산업 전반에 높은 수익을 가져다 줄 가능성 뿐만 아니라 '다품종 대량생산'을 가능하게 만든다. 산업혁명 이후 현대의 공장이 들어서고 '다품종 소량생산'이었던 시대에서 '소품종 대량생산'으로 발전하기는 했지만, 효율상 정해진 몇 가지의 규격으로 대량 생산만 가능했던 것이 또 한 단계 다른 차원으로 나아가게 만들어주는 것이다.

　결론적으로 스마트 공장은 기존 제조 방식을 갖춘 공장과 비교했을 때, 공정의 효율화 외에도 다품종의 상품으로 다양한 고객을 만족시킨다는 부분에서 비교 불가능한 경쟁 우위를 선점할 수 있게 만들어준다. 기업의 성장을 통해 경제를 책임져야 하는 국가는 당연히 관심[70]을 가질 수밖에 없는 분야다.

70　한국 정부는 2018년 12월 발표에서 2022년까지 스마트 공장을 30,000개 보급한다고 했고 스마트 제조와 스마트 공장이 특히 화제가 되었다. 이어서 2019년 2월경 중소벤처기업부에서 스마트 공장 기술 국내 보급 업무를 담당하는 '스마트 제조혁신센터'를 전국 19개 테크노파크에서 운영하는 것으로 결정했다. 이때 대규모 자본이 없는 중소기업들은 경쟁에서 밀릴 수밖에 없다는 점도 고려해 '중소기업 스마트 제조혁신 전략'을 발표하면서 국가 차원에서 많이 나섰다.

■ 스마트 건설(Smart Constructure)

스마트 제조 또는 공장과 유사한 개념이 하나 더 있다. 상품을 만드는 단계를 스마트하게 만든다. 단, 앞서 말한 상품과는 다르다. 공장에서 만들기에는 너무나도 큰 상품을 떠올리면 된다. 바로 건축물이다.

거대한 건설 장비가 움직이고 크기가 있는 건자재들이 필요한 곳이며, 그렇다 보니 많은 인력이 들어가고 그 사람들은 모두 안전 장비를 필수로 하고 있다. 공장 안이 아니라 바깥에서 상품을 만드는 분야가 바로 '건설(Construction)[71]'이다. 이런 건설을 스마트하게 만든다는 것은 무엇일까?

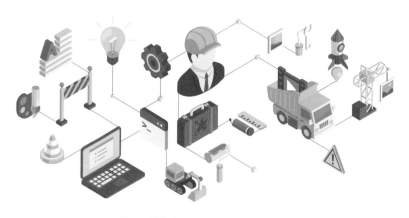

정보로 신속하게 일괄 관리되는 공사 현장

첫째로 방금 이야기한 건설 장비, 안전 장비 및 각종 보조 도구가 보다 똑똑해진다. 예를 들어, 건설 현장에서 위험 정보가 감지되면 각 인력이 착용하고 있는 안전 장비가 제대로 착용되어 있는지 확인하며 대피 인솔이 이루어질 수 있다. 또는 크레인(Crane, 기중기)과 같은 건설 장비와 트럭이 동시에 운용될 때, 서로의 위치와 동작 정보를 주고받아 보다 원활한 자재 운반이 되도록 할 수도 있다.

---

71 사람이 필요로 하는 건물을 짓는 것이 건축이다. 건설은 이런 건축을 포함하는 개념이다.

똑똑해진 장비가 도입되는 것도 물론 포함된다. 예를 들어 드론(Drone)이 있다. 대부분 사람이 원격으로 조종하며 하늘을 날 수 있도록 프로펠러가 땅을 향해 달려 있는 것이 대표적이다. 이외에도 하늘을 날지는 못하지만 여러 장비를 갖추고 땅을 달리거나 동물처럼 걸을 수 있는 드론도 역시 있다. 이런 장비들이 활용됨으로써 높거나, 깊거나, 좁아서 사람에게 접근이 용이하지 않으면서도 위험한 위치의 작업을 사람 대신 해줄 수도 있다.

둘째로 스마트해진 것(Things)들이 연결되어 상호작용을 해서 유기적으로 동작하는 것이 가능해진다. 각 장비, 도구와 건설 현장 총괄 컴퓨터가 연결되는 것이 가능하기 때문에 모든 것들의 위치 및 동작, 멈춤을 인식하고 조작 가능하게 된다. 건설 현장을 스마트하게 관리하는 것이다. 이런 경우 건설 과정을 효율적으로 관리하는 것뿐만 아니라 안전사고 발생 위험이 있을 때 신속하게 대처하는 것도 가능하다. 예를 들어 위험신호가 발생한 인근 기기들을 일제히 전원 차단하고, 인력들을 대피시키는 등의 것들 말이다.

마지막으로 전체적인 건설 과정이 유기적으로 연결되어 정확한 정보를 주고받으면서도 신속하게 업무가 이루어진다. 계획부터 설계, 시공, 운영 및 관리까지 말이다. '디지털 전환(Digital Transformation)'의 건설 산업 버전인 것이다.

대표적인 관련 용어로 '빌딩 정보 모델링(Building Information Modeling, 이하 BIM)'도 있다. BIM은 단순히 디지털 설계도를 만들고 다루는 것이 아니다. 그것을 포함해 건설 과정 전체에서 필요한 정보를 누구나 접속해서 공유할 수 있는 환경을 디지털에 꾸린다.

BIM은 전체 건설 과정에서 같은 정보를 보고 조작하며 일할 수 있게 만든다.

건설 과정에도 다양하게 존재할 각 부서에서 상호 이해하기 힘든 정보들도, 시각적인 정보로 바꿔 이해하기 쉽도록 만든다. 이를 통해 디지털 정보로 전체 건설 과정을 총괄하기 좋아진다. 따라서 위험을 예측해 방지하거나, 비용을 아낄 수 있도록 만드는 바탕이 된다. 또한 운영 및 관리 단계에서도 디지털 정보의 활용성을 높인다는 말은, 건설의 결과물인 건물도 디지털 정보로 관리하기 편하다는 말이 된다.[72]

이를 위해서는 앞서도 언급한 건설 과정의 각 부문 협력이 필요하다. 개별 기업이 홀로 연구 및 개발을 진행하기에는 어려움이 따르게 되는데, 국가에도 중대한 산업 중 하나가 건설업이므로 적극적으로 돕게 된다.[73]

■ 스마트 그리드(Smart Grid)

그리드(Grid)는 전력과 같은 에너지를 생산하는 발전소부터 에너지를 사용하는 곳까지 연결하는 전체 망을 가리키는 용어다.

---

72 이후 다룰 '디지털 트윈(Digital twin)', '사이버 물리 시스템(Cyber Physical System, CPS)' 내용과 연관이 있다.

73 한국은 2019년 5월 '스마트 제조혁신추진단' 설립했다. 2020년 기준 예산 약 4,600억 원에 달하는 기관이다. '중소기업 제조혁신 신사업모델 창출, 중소기업 스마트화 보급 확산, 중소기업 성과제고 및 확산'을 전략 목표 및 과제로 삼고 있다(2021년 6월 기준).

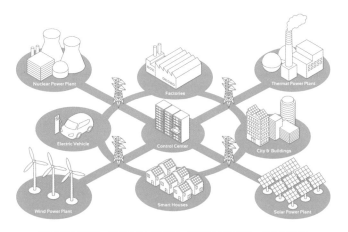

에너지를 만드는 발전소와 소비하는 모두를 관리하는 스마트한 망

즉, 스마트 그리드는 에너지를 생산하는 곳부터 소비하는 곳까지 각 지점을 똑똑하게 만들고, 에너지만 연결하는 것이 아니라 정보를 연결하여 스마트하게 만든다.

첫째로 발전소 내부적으로 스마트해진다. 전력을 생산하고 보관하는 과정에서 각 부문의 컴퓨터가 정보를 활용하는 능력이 좋아진다. 예를 들어 한여름이나 겨울에 냉난방이 많이 가동되는 시간대에는 전력 생산량을 자동으로 늘린다. 이 과정에서 계절과 시간대, 기온과 습도에 연계해야 하는 장비들이 신속하게 관리되는 효과가 있다. 기상청과 직접 연결되어 관리될 수도 있다.

이것이 특히 중요한 이유는 에너지를 저장하는 역할인 배터리(Battery)[74]는 완벽하게 에너지를 보관할 수 없고 누수가 일어난다. 그러므로 되도록 생산된 에너지는 정확히 사용되고 여분을 적당량만 남기는 것이 좋기 때문이다.

---

74 정확하게는 2차 전지(Secondary Cell, Rechargeable Battery) 또는 축전지(Accumulator)다. 사용 후 재충전이 가능한 전지로 크기에 차이가 있을 뿐 발전소에서 에너지 생산 후 저장하는 것도 역시 전지다.

둘째로 개인들도 발전소를 운영할 수 있다. 에너지를 생산하고 파는 것 말이다. 엄청난 크기의 발전 사업을 얘기하는 것이 아니다. 집 외부 어딘가 태양광 패널을 달아 태양광으로 전력을 생산할 때 자신의 집에서만 사용하는 것이 아니라 남는 것을 갖다 파는 것도 가능해진다. 정보기술의 발전으로 개인(가정집)을 포함해 국가의 전력망 전체, 그리드의 정보를 전체적으로 관리할 수 있게 되기 때문이다.

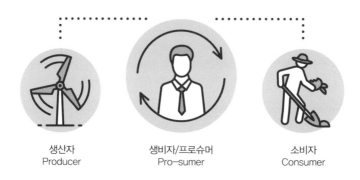

생산자   생비자/프로슈머   소비자
Producer   Pro-sumer   Consumer

소비자도 에너지망을 활용해 생산자가 될 수 있다.

이제 기존에 소비자(Consumer)이기만 했던 개인들이 에너지를 생산하는 생산자(Producer)가 될 수도 있다. 그 결과 소비자와 생산자의 합성어인 '생비자/프로슈머(Prosumer)'가 등장하며 에너지 산업에서 많이 회자되었다.

또한 개인이 에너지를 생산하는 것도 포함하여 전력이 얼마나 생산되는지 관련 기관에서 신속하게 파악할 수 있다. 지역 내 발전소는 그만큼 얼마나 덜 생산해도 괜찮은지 판단할 수 있기 때문에 지역사회 전체의 에너지 낭비가 줄어든다.

디지털 시대에 살아남는 IT 지식

■ 스마트 시티(Smart City)

휴대폰, 자동차, 집, 그리고 모든 에너지, 건설, 서비스 등 중 가장 대표적인 것들을 알아보았다.

이 모든 것들 역시 별개의 것으로만 동작하는 것이 아니라 연결의 대상이다. 그렇다면 스마트 그리드와 스마트 제조를 연결하면 또 무슨 용어이고, 스마트폰과 스마트 홈을 연결하면 또 무슨 용어일까? 언젠가는 그렇게 또 별개의 용어가 생길지 모르겠지만, 핵심은 다른 것이다. 그 모든 것들을 포함하는 개념 또한 스마트의 대상이다.

스마트 시티는 모든 스마트를 통합한다.

가장 좋은 예는 바로 '도시(City)'라는 개념이다. 도시를 스마트하게 만든다는 것은 지금까지 이야기한 모든 것의 유기적 통합이다. 도시 내에서 생성되고 흐르는 모든 정보들이 각 부문에서 유기적으로 활용될 수 있게 만든다면, 그것이 곧 스마트 도시(Smart City)다. 각 부문이 내부적으로 유기적인 연결을 이루어내고 나면, 외부의 다른 부문과 연결될 수도 있다는 말이다.

스마트폰, 스마트 카, 스마트 홈으로 어디서든 외부 정보에 접속할 수 있는 상태다. 달리 말하면 그들의 정보도 외부에서 접근할 수 있는 상태다.

건축물과 건설 현장, 공장과 기업, 에너지 정보도 도시 곳곳에서 발생하며 흐를 수 있는 상태가 된다. 도시는 각 부문이 가지고 있는 정보를 어떻게 활용할 수 있을까?

예를 들어 스마트 카와 스마트폰이 생성하는 정보는 도시 기준으로 보면 도로 교통과 인구 이동 흐름을 나타낸다. 스마트 홈과 주거 부동산의 에너지 사용 정보가 합쳐지면 도시 내 경제 활동 인구의 출퇴근 및 재택근무, 근무일수 및 시간 정보에 대한 보조자료가 되어줄 수 있다. 이는 대중교통 수단을 설계하고 관리하는 데 활용되어서 도시민들의 이동을 보다 원활하게 만들어 줄 수 있다. 나아가 시간대별 신호 체계까지 유기적으로 변화를 줄 수 있도록 만들어, 몇 시간 단위로만 교체되는 신호 체계가 훨씬 신속하게 도시 상황에 맞게 조절될 수도 있다.

또는 대형 화재와 같은 사건사고가 발생했을 때 신속한 상황 통제에 도시 전체가 유기적으로 협력하도록 만드는 것도 가능하다. 화재 발생 건물은 화재 위치에 따라 대응해 거주민을 대피시킴과 동시에 확산을 차단하며 내부 상황을 외부에 송신한다. 인근 스마트 홈과 스마트 카는 동시다발적으로 대피 경보를 받을 수 있고, 그렇지 않은 도시민은 소식 정도만 받는 등 보다 정밀하게 구분하여 대응 가능하다. 화재 현장까지 소방차가 달려갈 때 경로상의 스마트 카는 사전에 연락을 받을 수도 있다. 스마트 그리드는 추가 사고 발생 위협을 줄이기 위해 정확한 에너지 차단이 자동으로 이루어지고, 사고 근처 CCTV는 빠르게 저장 정보를 외부에 백업(Backup)함으로써 이후 사고 발생 경위를 안전하게 찾는 데 도움을 줄 수도 있다.

도시 전체가 유기적으로 연결되었을 때를 상상해본 편린에 불과하지만, 어떤 시대가 펼쳐질지 감이 온다. 본래 사람이 정보를 전하며 대응해야 하는 모든 일들이 디지털 정보가 전달되고 분석되는 속도로 서로 다른 곳에서 작용하는 모습, 그것이 도시 단위로 이루어지는 것이다.

다시 이야기하지만 각 부문이 내부적으로 유기적인 연결을 이루고 나면, 외부의 다른 부문과 연결될 수도 있다는 말이다. 스마트 시티도 예외가 아니다. 언젠가 스마트 시티 간의 연결, 외국과의 연결이 언급되며 국경을 초월한 유기적 연결이 등장할 수 있다.

■ 스마트의 위협, 사이버 범죄

그러나 무엇이든 장점만 있을 수는 없다. 스마트에는 치명적인 함정이 있다.

해킹(Hacking) 같은 사이버 범죄(Cyber Crime)에 취약해진다. 이제는 총과 흉기를 들고 찾아오는 범죄집단만 문제가 아니다. '스마트'라는 단어가 붙을 수 있는 모든 곳은 실체가 보이지도 않는 범죄자로부터 공격받을 가능성이 있다. 도시, 공장, 차, 집이 순식간에 타인의 것으로 탈취되어서 사고를 일으키거나 악용될 수 있다.

단적으로 운전 중에 차량의 운전 권한이 타인에게 넘어갔다고 생각해보자. 당신의 스마트폰이 울리고, 돈을 당장 입금하지 않으면 고속으로 질주할 것이라고 협박한다면 어떨 것 같은가? 과거에는 차량 자체를 탈취당하지 않으면 벌어지지 않을 일이었지만, 이제는 이런 방식으로도 벌어질 수 있는 일이 된다.

사이버 범죄 피해 규모는 갈수록 커질 수밖에 없다.

문제는, 과거 사이버 범죄는 컴퓨터 한 대 분량에 대한 위협이었지만 이제는 아니라는 점이다. 스마트가 붙을 수 있는 모든 곳은 연결되어 있고 컴퓨터가 사용된다는 뜻이다. 이들 모두가 사이버 범죄 대상이 되며, 피해 범주가 된다.

이런 가능성은 몇몇 사례에서 알 수 있다. 지역 경제에 심대한 타격을 미칠 뻔한 사건이 있었다. 장기적으로 지속되었다면 미국 지방경제와 세계 실물경제에 타격을 미치고 간접적으로 큰 피해를 냈을 수도 있는 건이었다.

미국 '콜로니얼 파이프라인 해킹 사건[75]'이다. 2021년 5월 7일 미국에서 송유관을 통해 석유를 전달하는 것을 업으로 삼는 기업 '콜로니얼 파이프라인(Colonial Pipeline)'이 사이버 공격에 노출되었다. 랜섬웨어(Ransomware)에 감염된 것이다.

랜섬웨어를 이용한 금전 요구도 사이버 범죄이다.

75 「미국 최대 송유관 마비…어떻게 해킹 가능했나」 BBC Korea, 2021. 5. 12

디지털 시대에 살아남는 IT 지식

랜섬(Ransom)은 납치해 포로로 삼은 사람의 몸값 같은 것을 의미하는데, 랜섬웨어는 컴퓨터를 감염시켜 사용할 수 없게 만든다. 해커(Hacker)는 돈을 주면 이것을 다시 사용할 수 있게 풀어준다고 한다. 이때 컴퓨터를 납치하고 몸값을 요구하는 것과 같은 프로그램이라 랜섬웨어라고 부른다.

콜로니얼 파이프라인은 해당 공격으로 송유관을 관리하는 시스템이 일대 마비되었다. 이 기업은 미국 동부 해안 도시에 석유를 전하는 미국의 핵심 기반 사업을 하고 있었다. 게다가 시장점유율은 45% 수준이었다. 석유가 원활하게 공급되지 않는다는 것은 전달받아야 하는 지역에 에너지 자원이 부족해진다는 의미다. 관련 지역 전체 주유소의 5%는 약 이틀만에 보관해두었던 석유가 동이 났고, 사람들은 먼 주유소까지 이동해 4~5시간씩 줄을 서야 했다.

곧이어 같은 해 5월 30일 세계 최대 정육 업체 중 하나인 JBS도 동류의 공격을 받았다.[76] 호주와 북미 지역에 있는 육류가공 작업장이 영향을 받아 영업을 멈췄다. 해당 업체는 호주와 북미에서 시장점유율 20%를 차지하는 만큼 사태가 장기화될 경우 육류 산업에 타격을 줄 수 있었다. 고깃값이 오를 수 있었다는 뜻이다.

다행히 두 사례 모두 생각보다 빠르게 해결되긴 했다. 미국 FBI의 추격 끝에 몸값으로 지불된 암호화폐도 상당량 회수했다. 나쁘지 않은 소식으로 종료되었지만, 두 사건은 경각심을 새겨주기에 충분했다. 디지털 정보를 중심으로 유기적으로 연결되어 동작한다는 말은, 디지털 세상에서의 공격(사이버 공격)에 그만큼 충분한 대비가 필요했다.

---

76 「해커들 육류 공급 사슬도 노리나…세계 최대 정육 업체」 JBS 피습 연합뉴스, 2021. 6. 1

결국 미국 FBI 국장은 이를 '9/11 테러에 비견되는 위협'이라고 했으며[77], 미국은 사태 이후 있었던 G7 정상회의에서 해킹 위협에 대한 대응을 안건에 올리기도 했다.[78]

스마트 이야기로 돌아와 보자. 스마트 도시는 스마트폰, 스마트 홈, 스마트 카, 스마트 공장, 스마트 건설, 스마트 그리드를 유기적으로 연결해 도시 차원에서 활용하는 개념으로 볼 수 있다. 그때 대비가 제대로 되지 않아 사이버 공격을 받고 연결된 모든 것이 마비가 된다고 생각해보자. 아무것도 되지 않아 지옥같은 환경으로 순식간에 변할 수 있다.

물론 기본적인 대비는 하면서 프로젝트가 진행될 것이다. 그러나 누구나 이런 위험성을 알고 더 철저하게 대비해야 한다.

---

77 「FBI 국장 "랜섬웨어 100종 수사 중"…9/11테러에 견줘」 매일경제, 2021. 6. 5
78 2021년 6월 11일(영국 현지시간) 주요 7개국이 모이는 G7 정상회의에서 사이버 공격이 의제로 오르며, 더불어 이 사이버 공격에서 몸값으로 요구된 암호화폐에 대해서도 함께 논의될 것으로 회자되었다.

디지털 시대에 살아남는 IT 지식

디지털 트윈(Digital Twin)

영향

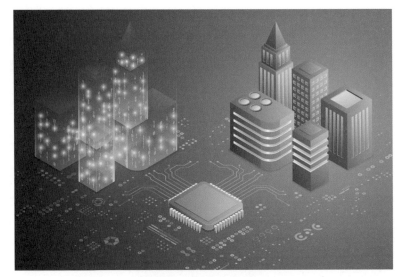

현실과 가상의 쌍둥이를 만든다.

컴퓨터 속에서도 현실에 존재하는 것과 같은 건물, 물건을 만날 수 있다. 단순히 외형만 같은 것이 아니라, 현실의 건물 및 물건과 같은 상호작용을 컴퓨터 속에서 하기 때문에 이전보다 더욱 다양한 실험이 컴퓨터 속에서 가능하게 된다. 즉, 현실에서 불가능한 것이 가능해지고, 불가능한 것이 컴퓨터 속에선 된다는 사실을 아는 사람은 보다 다양한 일들을 해볼 수 있는 세상이 열린다.

디지털 트윈(Digital Twin)은 이름 그대로 현실에 존재하는 건축물 또는 물건의 세세한 정보까지 그대로 복사한 것처럼 컴퓨터 속에 쌍둥이를 구현하는 것을 말한다.

외형만이 아니라 그것을 구성하는 부품의 속성까지 그대로 적용해서 말이다. 예를 들어 건물 1층의 중앙 기둥이 측면에서 힘을 얼마나 받으면 휘는지, 무게는 얼마나 버틸 수 있는지 또는 건물 외벽의 철근이 얼마의 열에 버틸 수 있는지 같은 정보도 포함해서 가상세계에 구현한다는 것이다.

또한 현실의 쌍둥이가 실제로 받고 있는 영향을 가상세계 속 쌍둥이가 공유 받아 확인할 수 있다. 점심시간에 건물 복도와 엘리베이터를 이용하는 통행객이 늘어나면, 그로 인해 건물 기둥이 받는 영향을 가상세계 속 쌍둥이에서도 확인할 수 있게 되는 것이다.

■ 이세계의 쌍둥이

그렇다면 디지털 트윈은 왜 만드는 것일까?

시간과 공간에 간섭하는 마법사가 등장하는 영화 〈닥터 스트레인지(2016)〉에 이런 장면이 있다. 한 도심지에 나타난 악당으로 인해 많은 사람들이 있는 길거리에 재난에 가까운 피해가 발생한다. 건물은 파손되고 사람들은 죽거나 다친다. 이때 주인공이 마법을 부린다. 마치 영상이 되감기 되듯이 세상의 시간이 되돌아가기 시작한다. 건물의 파편은 파손된 건물의 자리로 돌아가 복구되고 쓰러진 사람들은 일어나 뒤로 걸어 돌아간다.

도심 한복판에 가스 누수와 폭발로 인한 재난이 벌어졌을 때의 인명과 재산 피해에 대해서 알고자 할 때, 우리는 미리 실험할 수 없다. 건물에 불이 났을 때 어떤 일이 벌어질지에 대한 실험 역시 불가능하다.

이때 디지털 트윈이 빛을 발한다. 현실에서는 불가능하지만, 가상공간에서라면 영화 속 주인공처럼 실험 전의 상황으로 디지털 트윈을 되돌릴 수 있다. 즉, 현실에서 불가능한 실험을 최대한 비슷한 환경에서 할 수 있다.

■ 스마트 건설/제조/도시의 가상 쌍둥이

스마트 건설에서 빌딩 정보 모델링을 이야기했다. 건축물 정보를 건설 설계부터 운영 및 관리에 이르기까지 통일되게 다룰 수 있도록 구축한 것이다. 이는 궁극적으로 디지털 트윈이 갖는 강점을 활용하는 것과 같다.

설계상 건자재의 상세 정보들이 모두 입력되어 있는 디지털 트윈은 운영 및 관리 단계에서도 앞서 말한 다양한 실험, 상황에 따른 관리에 유용하게 활용될 수 있다. 현재 건물을 이용하는 사람 수와 이동 경로에 따라 건물에 문제가 없는지, 나아가 건물 내부를 리모델링(Remodieling)하거나 증축하는 등 변경을 줄 때 문제가 없을지도 보다 정확한 정보로 미리 확인해볼 수 있다. 또는 건물 용도가 변경되었을 때, 해당 용도의 활용에서 고려해볼 점을 설계 정보부터 상세하게 활용하여 확인할 수도 있다.

이는 비단 스마트 건설과만 연관된 이야기가 아니다. 디지털 트윈은 반드시 건물만 생성할 수 있는 것이 아니기 때문이다. 어떤 상품의 디지털 트윈을 만드는 것도 건물의 디지털 트윈을 만드는 것과 같은 이유에서 유용하다. 가전기기부터 자동차까지 말이다. 이런 건물과 다양한 상품에 대한 디지털 트윈이 존재할 수 있게 되면 스마트 도시는 이 정보를 활용하여 여러 실험을 할 수 있다.

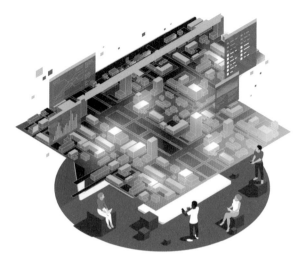

현실에서 하기 힘든 실험을 현실 상황에서 할 수 있다.

간혹 인터넷에서 볼 수 있는 지진에 따른 피해 지역 시뮬레이터(Simulator), 핵폭발에 따른 피해 범위 시뮬레이터와 같은 것을 보는 것처럼, 꼭 재난만이 아니어도 다양한 상황에 대해서 보다 정밀한 실험을 도시 운영상 필요에 따라 해보고 정책을 결정하거나 도시민들에게 정보를 제공할 수도 있다는 뜻이다. 후자는 아직 상상의 단계지만, 결국 다양한 정보가 보다 정확하게 대량으로 생성되고 컴퓨터 연산력이 날이 갈수록 높아지는 상황에서 당연히 해볼 수 있는 상상이다.

■ 사이버 물리 시스템(Cyber Physical System)

사이버 물리 시스템은 먼저 이름을 뜯어보자. 사이버(Cyber), 가상환경에서 현실세계에 물리적인(Physical) 영향을 미치는 시스템이다. 가상환경의 대표적인 예인 게임 속에서 물건을 움직인다고 해서 현실에서 무언가 달라지지는 않는다고 생각하는 것이 보통이다. 사이버 물리 시스템은 가상환경에서 현실에 존재하는 물건을 움직이게 만든다는 개념이다.

가상의 쌍둥이를
조작하면

현실의 쌍둥이도
반응한다

디지털 트윈은 사이버 물리 시스템의 기초가 된다.

위 그림에서 보이는 대로 가상환경은 컴퓨터 속에 존재하는 세상이다. 여기서 실제 세상과 연결된 부분을 조작하면 현실에서도 그 부분이 조작한 대로 움직인다. 이것이 사이버 물리 시스템이다.

예를 들어 건물 구조를 포함한 건물 내의 모든 정보가 컴퓨터 화면상에 표시되고 있다. 단순히 숫자로 표시되는 것 이상으로 현실세계에 존재하는 건물 모양 그대로 컴퓨터 화면에 구현되어 있다. 이때 건물 현관에서 안쪽으로 이어지는 중앙 복도에 차단벽이 있고, 그것을 컴퓨터상에서 클릭해 위나 아래로 드래그[79]하면 실제 건물에서 차단벽이 내려오거나 올라가는 식이다. 즉, 디지털 세상에서의 상호작용이 현실적인 상호작용으로 이어진다.

---

79 Drag, 잡아 끄는 것

■ 사이버 물리 시스템을 위해 필요한 것

사이버 물리 시스템이 구현되려면 전제조건이 있다. 가상세계에 현실의 정보가 최대한 많이 입력되어야 한다. 그래야 가상세계에서의 상호작용이 있는 그대로 현실세계에서도 이루어질 것이라고 기대할 수 있다.

단순히 하나의 제품을 조작하는 것이라면 그저 원격 조작일 뿐이다. 그러나 사이버 물리 시스템이 의미하는 것은 가상세계와 현실세계를 융합시킨다는 것에 가깝다.

앞서 말한 것처럼 하나의 제품을 조작하는 수준을 넘어서, 현실세계에서는 수많은 제품과 환경에서의 기온, 습도, 바람 같은 것들이 상호작용을 하고 있다. 이것까지 포함해서 현실세계에서의 복잡한 정보를 가상세계에도 받아들이고, 가상세계에서의 조작이 현실세계에서도 그대로 반영될 수 있도록 만드는 것을 목표로 하는 것이다.

이해를 돕기 위해 앞에 얘기한 차단벽을 다시 떠올려보자. 이 차단벽을 열고 닫고 하는 것까지는 단순한 원격조작과 다를 것이 없다. 그런데 사람이 사용하는 건물이라는 것도 고려해서 조건을 걸고 싶다. 사람이 없다는 전제에서 차단벽을 움직이게 만들려면 건물 내부 정보가 유기적으로 가상세계에 전달되어서 차단벽이 동작해도 되는지 확인하고 실제 차단벽이 닫혀야 한다.

단순한 원격조작보다 현실세계의 다양한 정보가 더 입력되고 있어야 한다는 것을 알 수 있다. 바로 여기서 디지털 트윈 개념이 등장한다. 우리가 생활하는 공간에서 그동안 컴퓨터 속 정보로 바꾸기 힘들던 것들이 설계도 단계에서부터 디지털 정보로 다뤄진다는 점, 수많은 센서를 설치함으로써 실시간으로 컴퓨터 속 정보로 만들기 쉬워졌다는 점이 디지털 트윈의 핵심이었다.

디지털 트윈은 사이버 물리 시스템과 함께 하는 개념이다. 디지털 세계에 쌍둥이가 만들어지는 것에서 그치는 것이 아니라 디지털 세계의 쌍둥이를 조작하는 것으로 현실세계에 존재하는 쌍둥이를 물리적으로 움직인다는 개념까지 아우르는 것이 사이버 물리 시스템이다.

■ 사이버 물리 시스템을 통한 운영 및 관리 자동화

집계된 정보를 토대로 컴퓨터를 통해 원격으로 조작하는 것뿐만 아니라, 나아가서는 복잡한 정보의 분석 과정을 통해 자동으로 물리적인 조작이 이루어지게 된다.

수많은 정보가 이미 디지털 정보로 받아들여지고 있기 때문에, 그것을 토대로 조건에 따라 판단을 내리고 현실세계에 있는 각종 건물 내 시스템과 상품 및 서비스를 고려해 자동으로 작동하거나 멈추도록 하는 것이 가능해진다.

디지털 트윈에서는 스마트 시티가 가상공간에서 다양한 실험을 해볼 수 있고, 그에 따른 결정과 결과를 보여줄 수 있지 않겠는가 하는 이야기를 했다. 사이버 물리 시스템에서는 거기서 나아가 가상공간에 반영된 디지털 트윈을 보고 현실세계에 있는 실제 무언가를 조작해 도시를 운영할 수도 있다는 데 다다른다.

도시 내에 있는 지하 물류창고에 화재가 났을 때, 신호등 시스템을 이용해 도로 교통을 관리하려고 한다면 해당 신호등의 코드 번호를 찾아 조작하는 등의 방식이 활용된다. 그러나 시각적으로 똑같은 쌍둥이가 관리 컴퓨터에 존재한다면 관리 속도가 다르게 된다. 왜냐하면 화재 위치를 파악하고 해당 위치 근방에 있는 신호등을 터치, 도로 진입이 불가능하도록 조작하는 직관적인 관리 방식을 따를 수 있기 때문이다.

도시가 가상세계에서 자동 통합 관리된다.

　사이버 물리 시스템과 디지털 트윈의 차이점을 명료히 설명하기 위해 완전히 별개의 개념인 것처럼 말했으나, 오해는 하지 않았으면 한다. 결과적으로 사이버 물리 시스템은 디지털 트윈이라는 '현실세계의 무언가를 본뜬 가상환경 내 쌍둥이'를 만드는 것을 바탕으로 하므로 서로 깊이 연관된 것이다.

클라우드/포그/엣지 컴퓨팅(Cloud/Fog/Edge Computing)

영향

어떤 곳에서도 정보기술의 수혜를 받을 수 있다.

과거보다 더 많은 양의 정보와 고성능을 요구하는 정보처리 기술이 등장했다. 그러나 이것들을 다른 위치의 컴퓨터가 대신 해결하거나, 때로 간단한 것은 직접 처리하는 방식으로 효율화를 꾀했다. 결과적으로 이전보다 더 많은 정보와 복잡한 정보처리 과정은 문제되지 않고, 많은 물건들이 컴퓨터처럼 일할 수 있게 되었다.

성능의 한계와 물리적인 위치를 평계로 다양한 정보기술을 사용하지 못하는 경우가 줄어들게 만든 것이다.

자세히 알아보기

■ 컴퓨팅(Computing)과 확장

우선 컴퓨팅은 무엇일까? 단순하게는 '계산하다'도 되지만,[80] 이 책에서

---

[80] 블록체인에서 검증과 같은 역할을 해줄 수 있는 컴퓨터의 능력을 '컴퓨팅 파워(Computing Power)'라 했었다.

다루는 컴퓨팅은 '컴퓨터가 하는 일'로 이해하면 편하다. 컴퓨터가 자신의 성능을 활용해서 복잡한 계산을 하는 것이 바로 컴퓨팅이다. 따라서 '~컴퓨팅'이라는 용어는 어떤 구조에서 컴퓨터 역할을 제공하는지 나타내는 용어라고 생각하면 된다.

이때 우리들이 사용하는 컴퓨터, 스마트폰의 성능은 기기 안에 있는 부품들로 결정된다. 저장공간 또는 용량이라고 부르는 것도 마찬가지다. 사진, 영상, 게임, 애플리케이션을 원하는 만큼 많이 저장하며 사용하려면 그만한 공간이 기기에 필요하다. 그만큼 저장할 수 있는 부품을 사용하면 된다.

앞서 말한 두 가지의 공통점은 무엇일까? 이미 만들어진 기기 내의 부품에 제품 사양이 제한된다는 사실이다. 컴퓨터 또는 스마트폰과 같은 전자기기를 구매했다면 제품을 분해해서 내부에 있는 부품을 교체하지 않는 이상 성능과 저장공간을 바꿀 수 없다.

정말로 다른 방법이 없을까? 외부에서 추가로 부품을 연결해서 성능을 높이거나 저장공간을 만드는 방법이 있다. 추가적인 저장공간을 사용하는 방법에는 외장하드(External Hard Disk), USB 드라이브[81] 등이 있다. 컴퓨터에 꽂으면 추가적인 저장공간을 사용하도록 해준다.

한 걸음만 더 나아가보자. 지금까지 정보기술 시대에 통신을 활용해서 정보를 주고받는 이야기를 해왔다. 정보는 더이상 물리적으로 한 장소에만 머무르는 것이 아니다. 먼 곳에서도 정보를 얻을 수 있게 되었다.

그렇다면 두 가지 의문이 든다. 먼 곳에서 대신 일을 해주면 안 되는 것일까? 먼 곳에서 대신 정보를 저장해주면 안 되는 것일까? 이 두 가지 의문을 하나로 합쳐서 생각해볼 수도 있다. 내 컴퓨터의 역할(정보 저장, 일 등)을 다른 컴퓨터들이 대신 해줄 수 없을까?

---

81 'USB 플래시 드라이브(Universal Serial Bus Flash Drive)'라 한다.

디지털 시대에 살아남는 IT 지식

■ 클라우드 컴퓨팅(Cloud Computing)

가능하다. 인터넷을 통해서 다른 곳에 있는 컴퓨터의 성능과 저장공간을 빌리는 개념이다. 그런 서비스를 제공하는 다른 컴퓨터에 연결해서, 그 컴퓨터에 내가 원하는 파일들을 저장하도록 요청하면 끝이다. 물론 다른 이가 그 다른 컴퓨터에 접속해서 내 정보를 보기 원하지 않을 수 있으니 회원가입 및 로그인, 보안 같은 기본적인 환경이 구성되어 있는 다른 컴퓨터가 된다. 내 파일은 나만 볼 수 있어야 하니까 말이다.

그렇다면 성능을 빌린다는 개념은 무엇일까? 자신이 원하는 작업을 성능 좋은 다른 컴퓨터가 대신해주는 것, 또는 분담해서 해주는 것이다. 마치 물리적으로 두 대의 컴퓨터를 연결해서 하나의 컴퓨터처럼 일하도록 만든 것과 같다.

다만, 어째서 '원격 컴퓨터 대여' 같은 이름의 서비스가 아닌 것일까? 클라우드 컴퓨팅에서 '클라우드(Cloud)'는 우리가 알고 있는 그 구름인데, 왜 이런 이름이 붙은 것인지 알면 보다 재밌고 정확하게 이해할 수 있다. 지금까지 설명한 성능과 저장공간을 빌린다는 것에는 다른 한 대의 컴퓨터에게서 성능과 저장공간을 빌려 쓰는 모양을 상상했을 것이다. 그 편이 쉽게 상상되기 때문이다. 하지만 알고 보면 더 구름 같다.

수많은 컴퓨터들이 한 대의 구름 같은 컴퓨터를 형성한다.

클라우드 컴퓨팅은 보통 수많은 컴퓨터에 해당하는 부품들을 연결해서 한 대의 컴퓨터인 것처럼 동작시킨다. 그래서 명확한 한 대의 컴퓨터가 실체를 가지고 존재하는 것이 아니다. 수많은 컴퓨터 부품 알갱이들로 이루어진 한 대의 초고성능 컴퓨터와 같은 구름으로 존재한다.

이 구름은 고객이 얼마만큼의 성능, 저장공간을 빌려 달라 요청하면 구름 자신이 가진 성능과 저장공간에서 그만큼을 내어준다. 명확한 한 대의 컴퓨터를 빌려주는 것이 아니기 때문에 훨씬 유연하게 부분을 떼어내서 제공할 수 있다.

구름은 물리적으로 한 개가 아니므로, 필요한 만큼 떼어 제공될 수 있다.

고객이 1만큼을 원하면 1만큼 일을 할 컴퓨터로 쪼갤 수 있고, 100만큼 원하면 100만큼 업무가 가능한 컴퓨터로 뭉칠 수도 있는 구름 같은 컴퓨터다. 그래서 클라우드 컴퓨팅이 된다.

그렇다면 클라우드 컴퓨팅의 장점은 내가 당장 급할 때 빌릴 수 있다는 것뿐일까? 그것도 장점이 되겠지만, 핵심적인 장점이 하나 더 있다. 돈만 지불하면 언제든 사용할 수 있는 이 초고성능 컴퓨터의 관리는 해당 서비스 회사가 도맡아 한다.

간단하게 생각해보자. 초고성능 컴퓨터를 물리적으로 내 방 안에 들여놓은 것이라면 최소 관리기사가 방문해야 한다. 하지만 실제 컴퓨터가 여기 있는 것이 아니라, 클라우드 컴퓨팅을 빌려쓰고 있으니 실체는 해당 서비스 회사가 가지고 있다. 관리도 그들 내부적으로 알아서 하므로 관리기사의 방문 시간을 걱정할 필요 없다.

단순한 취미생활용 컴퓨터라면 무관한 이야기지만 업무용 컴퓨터인 경우에는 중요한 장점으로 작용한다. 뉴스에서도 종종 해킹, 바이러스 감염 사건을 볼 수 있다. 컴퓨터 관리를 잘못하여 일시적으로 문제가 생기거나 저장된 파일을 잃고 복구하지 못하는 등의 문제를 겪기도 한다.

이런 각종 문제를 미연에 방지하는 컴퓨터 관리가 필요한데, 클라우드 컴퓨팅 서비스를 이용하면 이런 관리를 해당 서비스 회사가 해준다.

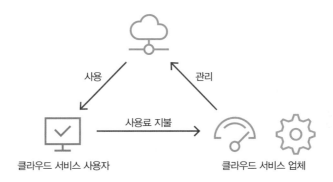

클라우드 서비스의 이용

직접적인 시간과 노력을 들이는 대신 돈을 들이는 것으로 바꾸는 것이다. 만약 자신이 컴퓨터 관리와 연관된 전공 및 직무를 가진 사람이라면 돈을 들이는 것보다 훨씬 저렴하게 해결할 수도 있겠지만, 그렇지 않은 경우는 어떨까? 전문 분야는 전문가에게 맡기고 그 시간에 자신이 잘하는 것을 하는 것이 효율적이다.

클라우드 컴퓨팅은 이 부분에서 장점을 갖는다. 초고성능 컴퓨터를 직접 갖추고 관리하며 사용하는 것보다 클라우드 서비스를 통해서 성능과 저장 공간을 빌려 쓰고 세심한 관리는 전문 기업에게 맡기는 셈이기 때문이다.

하지만 어떤 기술이든 장점만 있는 것은 아니다. 클라우드 컴퓨팅 서비스를 사용한다는 것은 타인에게서 서비스를 빌리는 것과 같기 때문에 발생하는 문제도 있다. 장점을 그대로 뒤집어서 생각하면 된다. 관리 문제가 내 손을 떠나면서, 관리 가능성도 내 손을 떠난다.

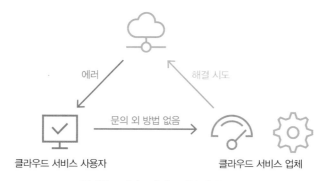

클라우드 서비스의 대표적인 단점

첫째, 서비스에 문제가 발생하면 이용 불편을 겪어야 한다. 더불어 직접 그 문제를 해결할 수 없다. 반드시 어떤 업무를 해야 할 때 클라우드 컴퓨팅 서비스에 장애가 발생하면 더 곤란할 수 있다. 직접 관리하는 서비스라면 문제점을 찾는 것부터 해결하는 것까지 직접 나설 수 있지만, 이 경우는 그것이 불가능하기 때문에 갑갑함이 더해진다.

둘째, 서비스와 연결되어 있어야만 한다. 당연한 얘기지만 이것 또한 고려사항이 된다. 인터넷 연결을 포함한 서비스와의 연결이 원활하지 못한 경우에도 불편을 겪을 수 있다. 한국에 살다 보면 그런 가능성을 매우 낮잡게 되지만, 분명히 고려해야 할 사고 가능성이 하나 더 늘어나는 것은 분명하다.

셋째, 클라우드 컴퓨팅 서비스 회사가 제공하는 방식을 따라야 한다. 그들도 고객의 입맛에 최대한 맞추고자 하겠지만 개별 고객들의 입맛에 완전히 맞추는 것은 불가능하기 때문에 여러 가지 표준화된 서비스를 제공하게 된다. 따라서 완전히 내 입맛대로 서비스를 사용할 수는 없다.

넷째, 사용자가 심각하게 많아지는 경우 서비스 이용이 힘들어질 수 있다. 한 장소에서 한꺼번에 스마트폰을 이용하면 통신 서비스가 느려지는 것을 체감하게 되는 것과 같다.

클라우드 컴퓨팅도 결국 연결을 통해서 서비스를 받는 형태이기 때문에, 서비스 이용량이 급격히 증가하면 감당할 수 없게 되는 경우도 고려해야 한다.

■ 포그 컴퓨팅(Fog Computing)

클라우드 컴퓨팅은 관리 편의성을 높여주면서도, 가진 것보다 높은 성능 또는 많은 저장공간을 사용할 수 있다는 장점을 가졌다. 다만 단점도 있음을 언급했는데, 단점을 개선하려는 노력도 당연히 있다.

클라우드 컴퓨팅과 포그 컴퓨팅은 이름의 관계상 의미부터 파헤쳐보는 것이 훨씬 흥미롭다. 클라우드(Cloud)는 구름이고, 포그(Fog)는 안개다. 구름은 하늘에 떠있는 것이고 구성은 같지만 안개는 하늘과 땅 사이, 또는 지면에 가깝게 깔리는 차이가 있다. 핵심은 하늘보다 땅에 가깝다는 점이다.

여기서 하늘은 서비스를 제공하는 곳, 땅은 서비스를 받는 곳이라고 상상해보자. 포그 컴퓨팅은 서비스를 받는 고객들 가까이에서 서비스를 한다는 것이다. 포그 컴퓨팅의 등장 이유는 클라우드 컴퓨팅의 문제점을 해소하기 위해서다.

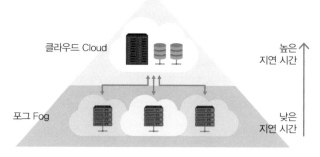

클라우드(Cloud)와 포그(Fog)의 관계

한 곳에서 관리되는 클라우드 컴퓨팅은 사용하려는 사람들이 몰리거나, 문제가 생기거나, 애초에 물리적으로 거리가 멀어 시간이 오래 걸리는 문제가 있다. 이런 문제들을 사용자 가까이에서 대신 일부 역할을 해줌으로써 해결한다.

일상 속에서 만나는 많은 가게 또는 매장들의 본사와 분점, 본사와 지점과 같은 관계다. 본사에서 해결 가능한 모든 문제를 분점, 지점에서 다룰 수는 없다. 하지만 간단한 문제 해결과 상품 및 서비스 제공은 분점과 지점에서도 받을 수 있다. 본사에 방문할 필요가 없다.

예를 들어서 소설을 추천해주는 서비스를 통해 '지금 읽을 만한 소설을 추천해줘'라는 질문을 했다고 생각해보자. 해당 서비스는 질문 내용을 서비스 제공 회사에게 보낸다. 회사에서는 초고성능의 컴퓨터가 방대한 양의 데이터를 분석하고 그 결과로 당신에게 맞는 소설을 추천해준다. 이 과정에서 회사는 분석에 할애되는 컴퓨터 성능을 빌려준 것과 같다.

그런데 질문을 보내고 회신을 받는 과정에서 시간이 들어갈 수밖에 없다. 또한 사용자가 너무 많은 경우 회사에서 처리해야 하는 분석의 양이 많아져 마치 놀이기구를 타기 위해 대기하는 줄이 길게 늘어서듯이, 내 질문에 대한 대답을 기다리는 데 생각보다 오랜 시간이 걸리 수도 있다.

디지털 시대에 살아남는 IT 지식

이런 문제를 해결하기 위해 회사와 나 사이에 회사와 비슷한 역할을 해줄 중간 지점을 둔다. 회사에서 처리 가능한 분석의 정도보다는 못하지만, 어느 정도 단순한 분석은 신속히 처리해서 회신해줄 성능과 저장 공간은 갖춘 지점이다. 만약 해당 지점에서 해결해줄 수 없다고 판명되는 것은 곧장 회사로 전달하고 회사에서 처리한다.

회사에서 제공하는 것이 클라우드 컴퓨팅 서비스이고, 중간 지점에서 제공하는 것이 바로 포그 컴퓨팅이다. 구름보다 우리에게 가까운 안개다. 이때 중간 지점은 물리적으로 회사와 나 사이에 있을 수도 있고, 같은 회사 내에 있지만 역할이 분리되어 있는 것일 수도 있다.

또한 포그 컴퓨팅이 클라우드 컴퓨팅을 대체하기 위해 등장했다고 생각하는 것은 곤란하다. 클라우드 컴퓨팅 서비스를 보완하는 방법으로 보는 것이 좋다. 포그 컴퓨팅을 쓰면 클라우드 컴퓨팅이 필요 없고, 클라우드 컴퓨팅보다 진보한 형태가 포그 컴퓨팅이라거나 하는 단순한 관계는 아니다.

■ 엣지 컴퓨팅(Edge Computing)

클라우드 컴퓨팅과 포그 컴퓨팅을 거쳐 이번에는 또 다른 컴퓨팅이다. 앞선 이야기의 흐름을 보면 더욱 쉽게 이해할 수 있는 엣지 컴퓨팅이다.

컴퓨팅하는 위치가 구름에서 안개로, 하늘에서 땅으로 조금 가까워졌다. 그럼 이 흐름에서 등장하는 엣지 컴퓨팅은 어떤 것일까? 이제 컴퓨팅을 아예 땅에서 하는 것이다. 사용자인 우리들 바로 곁에서 말이다.

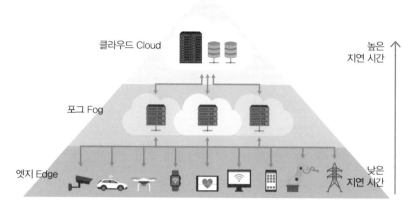

클라우드 Cloud

높은 지연 시간

포그 Fog

엣지 Edge

낮은 지연 시간

클라우드(Cloud)와 포그(Fog)와 엣지(Edge)의 관계

순간 의아할 수 있다. 'PC(Personal Computer)가 있는 지금과 다를 것이 없는 것 아닌가?'라고 생각할 것이다. 여기서 컴퓨팅하는 것은 우리들의 컴퓨터만 말하는 것이 아니다.

컴퓨팅을 다른 곳(클라우드, 포그)에 맡길 수밖에 없었던 상품들이 이제는 직접 컴퓨팅을 한다는 것이다.

냉장고, 커피포트, 정수기, 인공지능 스피커와 같은 각종 가전기기를 포함한 제조품들이 직접 말이다.

이 제품들은 고객 맞춤형 서비스 제공을 위해서 고객이 제품을 사용하는 시간, 방법 등을 기록하고 인터넷을 통해서 본사에 기록을 보낸다. 그럼 본사에서는 이를 분석해서 해당 제품에 결과를 다시 보내고, 제품은 이 결과를 토대로 고객에게 알맞는 작동 방식을 택한다. 이 일련의 과정을 통해서 특별히 고성능의 컴퓨터 부품을 탑재하지 않아도, 마치 그런 것처럼 동작할 수가 있었다. 당연히 문제점은 안고 있었다. 클라우드 컴퓨팅, 포그 컴퓨팅이 가지고 있는 문제를 고스란히 말이다.

기존에도 이 상품들 중에는 컴퓨터 안에 부품이 들어있는 경우가 있었다. 정말 간단한 계산이 가능하거나 프로그램이 동작해야 하기 때문이다. 하지만 성능이 충분하지 못했다. 그러나 정보기술의 발달로 많은 상품들에 과거보다 높은 성능의 컴퓨터 부품이 탑재될 수 있게 되었다. 사물 인터넷이 가능할 정도의 기술발전이 엣지 컴퓨팅을 탄생시켰다. 컴퓨터 부품의 소형화로 컴퓨터가 소형화되고 많은 제품들에 삽입되어 다른 곳에 기대지 않고 제품 스스로 고성능의 기능을 제공할 수 있게 되었다.

그래서 엣지(Edge)다. 뾰족한 끄트머리, 가장 말단에서 컴퓨터가 직접 기능한다. 그 말단이란 바로 실제로 기능이 동작하는 제품 그 자체이고, 이것은 고객이자 소비자인 우리들 바로 곁에, 상품 및 서비스를 만드는 입장에서는 그것이 최종적으로 제공되는 곳에서 컴퓨팅이 이루어져 스스로 기능한다는 뜻이 된다.

이때의 장점은 클라우드 컴퓨팅, 포그 컴퓨팅과 정반대다. 어딘가에 연결되어 있지 않아도 스스로 필요한 기능을 수행할 수 있다. 그렇기 때문에 안정적으로 제기능을 발휘하는 것이 가능하다.

단점은 초고성능의 컴퓨터 역할을 대신해주는 곳과 연결하지 않고도 동작하므로, 초고성능, 고용량을 요구하는 기능은 할 수 없다.[82] 따라서 탑재한 컴퓨터 이상의 성능이 요구되는 일을 처리하고 싶다면 여전히 외부에 연결되어야 한다.

■ 클라우드/포그/엣지 컴퓨팅의 관계

엣지 컴퓨팅도 포그 컴퓨팅과 마찬가지로 최종 진화 형태 같은 것이 아니다. 클라우드 컴퓨팅, 포그 컴퓨팅, 엣지 컴퓨팅은 함께 활용될 수 있다. 필요에 따라서 어느 것을 더 많이 사용하느냐가 다를 수 있다.

---

82 불가능하진 않지만 기능을 탑재하기 위해 제품 크기를 키워야 할 것이다.

예를 들어 자동차에 탑재되는 컴퓨터를 생각해보자. 운전자를 포함해서 자동차에 탑승한 사람들의 안전을 책임지는 기능이 항상 외부에 인터넷으로 연결된 상태에서만 기능한다면 곤란하다.

이런 것들은 자동차 내에 탑재된 컴퓨터에서 항상 기능할 수 있도록 하는 것이 좋다. 다만 더 좋은 기능을 제공하는 것 역시도 필요하므로, 관련 센터 또는 지점에 연결하여 컴퓨터 성능과 저장공간을 빌려서 기능하도록 하면 된다.

그리고 텔레비전에서 채널을 추천할 때다. 최근 자신이 시청한 방송을 기준으로 유사한 채널을 추천하는 정도는 텔레비전이 스스로 하고, 전체 시청자들의 선택을 토대로 채널을 추천하는 것은 본사에 있는 컴퓨터가 제공해야 하는 추천 서비스로 나누는 것이다.

이렇게 하면 한 곳으로 몰리는 요청으로 인해 생기는 업무 부하를 엣지 컴퓨팅을 통해서 줄일 수 있다. 간단히 연산만 하면 되는 요청이라도 수많은 사람들이 사용하는 제품에서 동시에 요청한다면 더욱 중요한 기능이 동작하는 속도를 늦추는 결과를 만드는데, 이 요청 자체를 스스로 해결하게 해서 줄인다. 이러면 전체 서비스의 질은 높아지는 효과를 얻을 수 있다.

사실 두 번째 예에서 말하는 대로 정확히 두 개의 업무를 수준에 따라서 나누는 것만이 활용법의 전부는 아니다. 하나의 업무 마무리를 위해서 몇 가지 일 처리 단계가 있을 때, 간단한 단계의 일 처리를 해당 제품에서 하고 최종 분석은 중앙에 맡기는 식으로 분담하는 것도 가능하다. 하나의 업무를 단계별 분담하는 효과가 있으므로, 이 역시도 전체 서비스가 효율적으로 동작하게 만든다.

확장현실(Extended Reality)

영향

새로운 세상을 만드는 기술은 여기 속한다.

정보기술이 발전하다 못해 이제는 우리가 인식하는 현실에 변화를 주거나 현실을 떠나는 기술이다. 흔히 공상과학(Sci-fi) 영화 또는 소설이라고 생각하는, 현실에서는 불가능하다는 일도 경험하는 것이 가능하게 되었다. 또한 그런 서비스를 제공하는 것이 산업 내에 필요한 부분으로 자리잡기도 한다.

자세히 알아보기

증강현실 AR, 가상현실 VR 모두 한 번쯤 보았을 용어다. 이들을 모두 포함하는 개념 용어가 확장현실(Extended Reality), 약자로는 'XR'이다. 현실(Reality)을 확장(Extend)하는 데 사용되는 기술은 모두 여기에 포함된다.

의미는 어렵게 생각할 필요 없다. 정보기술을 통해 추가적인 정보를 현실의 벽면 또는 허공에 출력하든지, 사용자가 디지털 세상을 현실처럼 느낄 수 있도록 만든다든지 하는 형태로 현실을 확장하는 것은 모두 이에 속한다. 즉, 현실에 존재하지 않는 것을 사람이 실감할 수 있게 만드는 기술이 확장현실 분야다.

XR에 대해서 보다 잘 알아보기 위해 포함하고 있는 개념 AR, VR, MR에 대해서 하나씩 알아보자.

■ 증강현실(Augmented Reality)

추가 정보를 제공하는 방법 중 현실에 정보를 덧씌우는 것이다. 예를 들어서 다음 두 가지 경우가 있다.

AR 기능이 있는 안경은 현재 위치와 정보를 렌즈에 보여준다.

특수한 안경, 렌즈를 사용한 경우다. 이 안경과 렌즈는 일반적인 시력 보정용이 아니라 전자기기이다. 바라보고 있는 것이 무엇인지 분석하고, 인터넷을 통해 정보를 가지고 오며, 렌즈 또는 안경에 투명한 화면 역할을 해서 정보를 출력할 수도 있다. 이 경우 착용한 사람이 보고 있는 것에 대해서 알고 싶은 것이 있으면 그 정보를 안경, 렌즈에 직접적으로 출력해서 보여준다.

디지털 시대에 살아남는 IT 지식

음식의 칼로리와 전체적인 구성표를 알고 싶다면, 보는 것만으로 추가적인 정보를 얻을 수 있다. 다이어트, 건강상 문제로 음식을 가려야 할 때 큰 도움이 될 것이다.

카메라와 화면이 있는 스마트폰은 당연 AR 기기가 될 수 있다.

예시로 안경과 렌즈를 들었지만, 꼭 이것일 필요는 없다. 카메라 기능이 달려있는 휴대기기는 모두 이런 서비스를 제공할 제품 구성이 되어 있는 상태다. 카메라로 꼭 촬영하지 않더라도 화면에 제품이 잡히도록 카메라를 가져다 댔을 때, 화면상에 추가적인 정보를 보여준다면 이것 역시 증강현실 기술이다. 현실의 모습에 추가 정보를 덧대는 것이니 말이다.

다음은 현실에 정보를 직접 출력하는 경우다. 건물의 벽면, 차량의 유리 또는 허공에 빛을 이용해 정보를 덧씌워 보여주는 방법이다.

렌즈 자체를 화면으로 이용하는 방법은, 렌즈가 전자기기 역할을 해야 한다. 제조 난이도가 상당히 오를 수 있고, 그것이 어떤 제조품을 구성하는 부품이라면 강도에 문제가 생길 수도 있다. 외부에서 빛을 이용해 정보를 덧대는 방식을 활용하는 것이다. 차량 전면 유리에 앞으로 나아갈 길, 속도, 현재 차량의 상태 등을 반투명하게 출력해주는 것이 여기 속한다. 이때 차량 전면 유리에 정보를 출력해주는 기기는 차량 안쪽으로 전면 유리 하단에서 영사기처럼 작동할 수 있다.

전면 유리에 방해되지 않는 수준의 정보를 표시할 수 있다.

운전자는 계기판을 확인하기 위해서 시선을 과도하게 아래로 내릴 필요가 없어지고, 바깥을 응시하면서도 그 외 정보를 인지할 수 있게 만들어준다. 또한 전면 유리를 전자기기 화면으로 바꾼 것이 아니므로, 사고에 대비한 유리 강도를 낮추지 않아도 된다.

이외에도 실제로는 단순한 기둥이지만, 이곳에 정보를 덧씌워 화려한 구조물처럼 보이게 만든다면 증강현실이라 할 수 있다. 이때 덧씌운 정보가 상품 및 서비스의 광고라면, 증강현실 기술을 이용한 광고가 되는 것이다. 또한 앞서 허공에 정보를 띄워주는 것을 말했는데, 영화 같은 곳에서 나오는 홀로그램도 이런 한 종류다. 두 경우 모두 현실세계에 어떠한 방식이든 정보를 더해서 보여준다는 것이 특징이다.

여기서 정보라는 단어를 계속해서 사용한다고 해서 그것이 꼭 제품 구성, 재질과 같은 정보일 필요는 없다. 작은 구 형태의 상품에 영화관 영사기처럼 빛으로 다양한 표정을 출력해서 해당 상품의 현재 상태에 대해 알린다면, 이것 역시도 증강현실에서 다루는 현실에 대한 보강이다.

▪ 가상현실(Virtual Reality)

현실을 확장하는 또 다른 방법은 현실 같이 느껴지는 다른 세상에 온 것처럼 만드는 것이다. 가상현실(Virtual Reality, 이하 VR)이 이것이다. 마치 우리가 다른 환경 속에 있는 것처럼 느끼도록 만든다.

그러기 위해서는 텔레비전과 같은 평면 화면으로는 한계가 있다. 왜냐하면 조금만 시선을 돌려 화면 속 세상을 벗어나 현실 세상을 인식할 수 있고, 시선을 돌릴 필요도 없이 화면을 보는 상태에서도 주위의 현실이 인식된다. 이를 막기 위해 영화관 스크린처럼 정말 거대한 화면을 이용하더라도, 나의 움직임과 화면의 움직임이 연동되지 않는다. 내가 오른쪽으로 고개를 돌렸을 때 마주하는 것은 화면 속 세상의 다른 각도가 아니라, 화면 밖 세상이기 때문이다. 현장감을 느낄 수가 없다.

따라서 현장감을 느끼게 만들기 위해 눈 바로 앞에 화면을 펼쳐주는 '머리 부분 탑재형 화면(Head Mounted Display, 이하 HMD)'이 등장한다. 이것은 이름 그대로 머리에 쓰는 형태인데, 그렇기 때문에 앞서 말한 일반 모니터의 현장감 한계를 보완한다.

HMD를 착용하면 착용자의 눈 앞에서 화면 역할을 한다.

기기를 벗지 않는 이상 화면은 사용자의 눈앞에 존재하기 때문에 화면에서 재생되는 시각 정보에 몰입할 수 있다. 그리고 착용자의 머리 움직임에 따라 화면이 움직이며 화면 속 세상도 움직이도록 만든다. 단순히 기기가 얼굴 정면을 따라 움직인다는 것이 아니라, 화면 속 세상에서 집의 정면을 바라보고 있다가 걸음을 옮기면, 걸음을 옮긴다는 정보를 기기가 인식해서 가상세계 집의 측면으로 이동해 보는 것이 가능하다는 말이다.

VR을 체험할 때 가장 좋은 형태의 기기가 HMD이다 보니 VR 이야기가 나오면 꼭 등장하게 되는 이미지이다. VR 기술을 이야기할 때 시각 정보와 청각 기술을 기본적으로 생각하는 것도 같은 맥락이다. HMD가 강화해 제공해주는 것이 해당 경험이다. 화면을 통해 정보를 보고, 스피커 또는 이어폰을 통해 가상현실의 소리를 듣기 때문이다.

그러나 VR이라 하면, 가상세계를 실감하게 하는 기술들을 모두 포함한다. 따라서 HMD에 머무르지 말고 한 가지 더 알면 좋은 기술이 있다. 현실성을 더해주는 촉각 체감 기술이다. 우리가 물건을 만지고 다른 사람과 상호작용할 때 당연히 느껴져야 하는 촉각은 가상세계에서는 기대하지 못하던 부분이기 때문이다.

기술발전은 분명 이루어지고 있다. 가상세계에서의 상호작용에 따라 해당 부위에 촉각을 느낄 수 있도록 전달하는 기기가 등장하고 있는 것이다. 그만큼 정확하고 빠른 정보처리 속도와 장비가 필요한데, 그런 환경이 정보기술 발전으로 갖춰지고 있기 때문이다.

이를 햅틱(Haptic)[83] 기술로 부르기도 하는데, 정확히 VR을 즐기기 위한 기술만을 의미하는 것은 아니다. 햅틱은 모든 컴퓨터 관련 촉각 기술을 의미하는 것으로, 사용자가 무언가를 만졌을 때 만졌다는 감각을 주는 것과 관련된 기술이면 햅틱 기술이라 부른다.

83 그리스어로 '만지는'이라는 뜻의 형용사인 'Haptesthai'에서 온 말(출처 : 사이언스타임즈, 2015. 3. 10)

터치 화면에서 특정 버튼을 눌렀을 때 미약한 진동으로 해당 버튼이 눌렸음을 인지하게 해주는 것도 햅틱 기술이고, 키보드나 마우스를 이용할 때 눌렀다는 감각을 살려주는 것도 햅틱 기술이다. 그러므로 VR에서처럼 가상세계에서 물건을 잡거나 상호작용 했을 때의 실감을 주는 것도 포함해서 상당히 광범위한 개념이라고 생각하면 된다.

손에 착용하는 장비로 VR 세계에서
손에 닿는 느낌을 재현

몸에 입는 장비가 VR에서
몸에 닿는 감각을 재현

VR을 더 현실처럼 느끼게 하기 위한 햅틱 분야의 노력들

중요한 점은 실제로 존재하지 않는 것은 잡거나 만지거나, 반대로 누군가 원격으로 나를 만지는 감각을 주는 것도 햅틱 기술이다. 여러 가지 방법이 있는 데 내가 무언가와 상호작용하는 부위에 압력, 진동 등을 주는 소재를 이용한 장비가 착용되어 동작하는 것이다. 장비는 가상세계에서 물건과 접촉한 부위(예를 들어 손가락 끝)에 적정한 압력을 가하는 식으로 동작한다.

만약 이런 기술까지 계속해서 발전한다면, 가상세계에서의 생활이 지금보다 더욱 진짜처럼 느껴질 것이다. VR은 확장된 현실로 더 많은 사람에게 인지될 수 있을 것이다.

■ 혼합현실(Mixed Reality)

혼합현실(Mixed Reality, 이하 MR)[84]은 VR과 AR을 혼합한 것을 말한다. 예를 들어 현실세계의 책상 위에 홀로그램으로 이루어진 공을 구현하는데, 이 공과 내가 상호작용하는 것이 가능한 기술이다. 현실임에도 불구하고 VR처럼 직접 가상의 정보에 관여할 수 있다.

마치 VR인 것처럼 현실에서도 디지털 정보와 상호작용하는 모습

허공에 출력되는 정보들을 손으로 이리저리 움직이는 장면, 영화에서 한 번 정도 보았을 텐데 이것을 MR이라 한다. 내용을 살펴보면 보다 발전한 형태의 AR로 볼 수도 있으며, MR과 다른 기술(AR, VR)이 명확히 구분된다고 볼 필요는 없다. 요약하자면 현실세계에 추가한 정보가 마치 가상세계에서 정보를 다루는 것처럼 자유자재로 상호작용할 수 있게 되었다면 MR에 가깝다고 생각하면 된다.

■ MR, VR, AR 활용

공간 체험 서비스로 VR의 활용이다. 2021년 6월 부동산 플랫폼 기업 '직방'은 최첨단 정보기술인 VR을 활용하였다.

---

84 'Merged Reality'라고도 한다.

부동산을 원격에서도 직접 방문해서 보는 것처럼 만들어 차별화된 부동산 정보 제공을 이루겠다고 발표했다.[85] 부동산을 방문할 때 드는 물리적인 시간이 줄고, 많은 부동산의 모습을 둘러볼 수 있게 된 것이다.

또한 이들은 VR을 활용한 서비스로 협업 도구도 발표했는데, 가상 사무실을 만들어 그곳으로 출퇴근하며 실제 일하는 환경과 유사하게 함께 출근한 사람과 대화할 수도 있는 서비스다.

지금까지는 기업에서 서비스를 제공하는 한 방법으로 택한 경우를 보았다. 그런데 AR, VR, MR 모두 현실을 확장하는 기술이지만 그것을 이용하는 것은 현실의 사람이다. 달리 말하면 확장된 현실에서 시간을 보내는 사람이 증가할 경우, 내가 그것을 평소 즐기지 않거나 관련 서비스를 제공할 일이 없는 기업에서 근무하더라도 한 번 경험해볼 것인지 고려해야할 새로운 공간이 될 수 있다.

광고 또는 연예 엔터테인먼트 시장이 예시가 된다. 이들은 많은 사용자가 존재하는 곳에 노출되거나 상호작용을 통해 인기 관리를 하는 것이 산업 내에서 중요한 부분을 차지한다. 그런데 광고 대상 상품의 주요 타겟이 확장현실을 이용하는 사용자가 겹친다면? 당연히 확장현실 내에 광고를 싣는 것을 고려해야 한다. 또는 아예 확장현실에서 단순 광고를 넘어 연예인과 사용자가 상호작용할 수 있는 콘서트(Concert) 등의 이벤트를 진행할 수도 있다.[86]

이 내용은 이후 '메타버스'에서 다시 한번 다뤄보며 이어진다.

---

85 「AI · VR 무장한 직방…부동산 중개때 책임도 진다」 매일경제, 2021. 6. 15

86 2020년 코로나 바이러스(COVID-19)로 인해 전세계적으로 외부 활동에 지장이 생겼고, 이는 실제 외부 활동이 아니지만 그런 것처럼 만들어주는 확장현실에 대한 관심을 불러왔다. 바이러스의 위협이 끝나더라도 확장현실 사용자에 대한 경험은 계속 늘어갈 수 있다는 점을 고려해서, 해당 사용자를 대상으로 제공할 서비스가 있거나 일하는 것이 무궁무진한 가능성을 염두에 두면 좋을 것이다.

메타버스(Metaverse)

영향

현실처럼 활동할 수 있는 새로운 세상이 생겼다.

사람들이 활동하는 공간으로 기존에 인식하지 않던 새로운 영역이 등장한 것과 같다. 다수가 이용하는 것으로 알려진 공간의 존재는 사회에 영향을 끼치기 마련인데, 아예 신대륙이 등장한 것이다. 그러므로 그 새로운 땅은 어떤 곳인지, 내가 어떻게 이용할 수 있는지, 기업과 국가는 또 어떻게 활용할 수 있는지 파악하기 위해 모두들 나섰다.

자세히 알아보기

▪ 메타

메타버스의 메타(Meta)라는 말이 주는 느낌을 보자. 인터넷에 쏟아져 나오는 뉴스에는 그것에 대한 메타 정보도 존재한다. 실제 정보는 모든 뉴스의 각 내용, 즉 제목과 기사 내용 전체다. 이때 뉴스에 대한 메타 정보는 기사의 수, 전체 글자 수, 카테고리 수 같은 것을 종합한 정보가 된다.

'뉴스'란의 메타 정보는 전체 정보의 축약된 정보를 통해 대략적인 정보의 양과 변화를 알 수 있게 해준다.

하지만 메타가 실제 정보를 축약하는 것만 가리키지는 않는다. 메타는 기본이 되는 것 앞에 붙어서 그 기본이 되는 것을 기초로 변형된 모든 것을 말한다. 그렇기 때문에 축약처럼 많은 정보를 적게 요약했다는 의미 외에도, 기존에 없던 것을 더해서 꾸미는 확장(초월)의 의미를 갖기도 한다.

정리하자면 '메타○○'이라고 부를 때는 뒤의 '○○'을 축약, 확장, 초월했다는 의미를 부여한 것이다. 그러면서도 '메타○○'는 '○○'의 정보를 바탕으로 변형한 것이지, '○○'와 전혀 무관한 정보를 '메타○○'라고 하지는 않는다.

■ 유니버스

두 번째로, 메타버스의 '버스'는 무엇인가 하면 바로 유니버스(Universe)의 버스(-verse)이다. 이 우주, 세계 그 자체를 말한다. 다만 다양하게 활용될 수 있는 데 영화, 소설, 게임과 같은 창작 작품에서 구축한 세계관도 유니버스라고 부르기도 한다.

영화 속 세계관의 가장 대표적인 예시, 마블 유니버스(Marvel Universe)

대표적인 예는 영화 산업에 있다. 2008년 개봉한 영화 아이언맨(Iron Man)을 시작으로, 작품 속에 묘사된 동일한 세계에 살고 있는 많은 가상의 영웅들이 같은 세계를 배경으로 한 시리즈 영화로 등장했고 많은 인기를 끌었다. 이때 이 영화 속 세계관을 영화 제작사인 마블(Marvel)의 이름을 붙여 마블 시네마틱 유니버스(Marvel Cinematic Universe)라고 부르기도 했다.[87]

중요한 점은 유니버스라는 단어의 활용이다. 실제 세계가 아니어도, 가상의 세계관으로써 만들어진 것을 지칭할 때도 유니버스라는 단어를 사용했다. 이것은 앞서 예를 든 영화, 만화뿐 아니라 컴퓨터 속 또는 게임 속에 존재하는 세계를 지칭할 때도 사용될 수 있음을 의미한다.

■ 메타 + 유니버스

이제 메타와 유니버스를 합쳐서 생각해볼 수 있게 되었다. 메타는 실제 존재하는 어떤 것의 축약, 확장, 초월을 포함한 변형이며 유니버스는 세계다. 결국 메타버스는 우리가 사는 이 세상을 기반으로 유사하게 또는 다르게 만든 또 다른 세상을 말한다. 컴퓨터를 통해 구현된 가상의 공간은 다양한 형태가 있을 수 있지만, 다음과 같은 핵심적인 요소를 통해 현실세계 같은 느낌을 체험하는 사람(사용자)에게 준다.

1. 시각, 청각, 촉각과 같은 감각을 통한 상호작용
2. 현실과 같은 또는 현실과 연관된 활동

위 두 요소가 하는 역할을 무엇일까? 색다른 세상을 느끼려면 당연히 인간의 감각으로 체험할 수 있어야 한다.

---

87 중간에 시네마틱(Cinematic)이란 단어가 포함된 이유는 같은 이름을 가진 만화가 별도로 존재하기 때문에, '만화 속 세계관'과 다른 '영화 속 세계관'이란 의미다.

대표적으로는 눈으로 보는 것, 시각 정보이다. 또한 거기서 멈추는 것이 아니라 상호작용하고 그 안에서 삶까지 가능해야 한다.

이것을 중요 요소로 놓은 이유는 앞서 설명한 영화, 소설 같은 콘텐츠에서 다른 세계관을 구축하고 있는 것과 차이점이 설명되기 위해서다. 이들은 사람들에게 영상, 사진, 문자를 통해서 다른 세계를 보여주고 상상할 수 있도록 만든다. 하지만 이것들을 메타버스라고 부르지는 않는다. 그 세계에 직접적으로 참여할 수가 없기 때문이다. 보고 있지만 그뿐이다.

예를 들어 대학교 환경을 본 뜬 메타버스가 있다. 컴퓨터를 통해 접속할 수 있는 서비스이고, 모니터 화면에 대학교 입구에서 1인칭 시점으로 이동할 수 있는 서비스다. 이 메타버스에서는 다양한 강의실이 존재하고 누구나 강의실을 빌려 강의를 진행하며, 원하는 사람은 강의실에 들어가 강의를 들을 수 있는 서비스를 만들었다. 강의실을 방문하려면 강의실이 존재하는 위치까지 이동하는 상호작용을 해야 한다. 눈앞에 보이는 길의 한 지점을 클릭하거나 터치해 그곳으로 이동하는 방식이다. 그리고 강의실에 입장하려면 닫혀 있는 문과의 상호작용으로 강의에 대한 추가적인 정보를 얻고 강의를 듣기 시작할 수 있다.

대학교의 전경과 강의 내용을 소재로 한 영화, 책과 다른 점은 대학교 산책, 강의 제공, 강의 수강만이 아니라 대학교 내에서 다른 사람과의 만남 등을 자유롭게 선택할 수 있다는 점이다. 이때 우리가 메타버스에 있다고 느낄 수 있는 이유는 대학교의 모습을 시각적으로 보고 있기 때문에, 대학교가 존재하는 세계에서 직접 활동한다고 느낄 수 있기 때문이다.

메타버스는 완벽히 정의된 용어라고 보기는 힘들다. 그렇기 때문에 다양한 개념이 함께 하고 있다.

미국 미래가속화연구재단(Acceleration Studies Foundation, ASF)에서 정의한 메타버스의 분류[88]를 살펴보면서, 메타버스라는 용어가 주는 느낌이 특정 서비스에 한정되지 않도록 생각을 확장해보자.

■ 가상세계(Virtual Worlds)

스마트폰, 컴퓨터 또는 VR 기기 등을 통해 방문할 수 있는 가상세계

누구나 상상할 수 있는 모습의 메타버스, 가상세계(Virtual Worlds)다. 동화, 만화, 영화에서 볼 법한 환경이 꾸며진 가상의 공간을 마련해두고 있고 방문할 수 있다. 그 가상세계 안에서 못된 악인, 몬스터를 물리치는 영웅이 될 수도 있다. 직접 제작하기엔 구해야 하는 원재료가 너무 많은 명품 옷 디자인을 가상세계에서는 훨씬 간단하게 제작해볼 수도 있다. 나만의 브랜드를 런칭해 다른 사람들이 가상세계에서 입고 사용하는 상품을 유통시키는 것도 가능하다.

가상세계에 직접 방문한 듯한 느낌을 주는 기기도 있다. '확장현실'의 가상현실(VR)에서도 살펴본 '머리 부분 탑재형 화면(HMD, Head Mounted Display)'이다.

88 「메타버스」 김상균, 플랜비디자인

눈앞에 모니터 화면이 펼쳐지기 때문에 다른 공간인 가상세계에 직접 들어간 듯한 착각을 불러일으킬 수 있게 시각적으로 돕는다.

오해하면 안 되는 부분이 있는데, VR 기기를 통해서 즐길 수 있는 형태의 서비스만 메타버스에서 말하는 가상세계인 것은 아니다. 컴퓨터를 통해서 화면 속 나의 캐릭터(Character)로 생활할 수 있는 가상의 공간을 제공해주는 것도 역시 가상세계 메타버스다. 더욱 나아가 생각해보면 현실과 다른 공간으로 체감시키는 테마공원, 방(Room)을 꾸미거나 역할극을 통해 다른 세계를 즐기게 하는 것도 메타버스의 가상세계에 속할 수 있다.[89]

■ 거울세계(Mirror Worlds)

거울세계는 현실 또는 현실의 정보를 있는 그대로 표현하려고 노력한 현실 모방 세계다. 앞서 등장한 VR 기기를 착용하거나 컴퓨터 모니터 화면을 통해서 실제로 존재하는 현장의 실내외를 둘러볼 수 있도록 구현된 세계는 거울세계라고 볼 수 있다.

현실의 위치 정보를 그대로 모방한 거울세계, 지도 앱(App)

89 확장현실(XR)에서 말하는 가상현실(Virtual Reality, VR)과 뜻하는 바에 차이가 있다.

이 경우에도 시각적인 정보 모방에만 국한되어 생각하면 사고가 갇힌다. 거울세계는 스마트폰을 사용하게 된 이후 언제나 접할 수 있는 지도 애플리케이션과 음식점 및 각종 매장 위치 안내 애플리케이션 등도 포함한다. 이들은 현실의 모든 정보를 담지는 않지만, 현실에 실제 있는 정보 중에서 고객에게 필요한 정보를 모아 제공한다.

이 애플리케이션들은 현실과 어긋나는 위치의 정보를 제공하면 평가가 떨어진다. 맛집을 방문하려 지도를 믿고 해당 위치에 찾아갔는데, 맛집이라 소개된 음식점이 그곳에 없다면 얼마나 실망하겠는가? 따라서 현실의 일부 정보지만, 현실에 있는 정보와 비교해서 틀리지 않게, 애플리케이션 화면 위에 거울세계를 만드는 노력을 하게 된다.

또한 사람들은 이 애플리케이션 안에서 다양한 정보를 주고 받으며 살아가고 있기 때문에 유니버스라는 조건도 만족할 수 있다.

거울세계는 생각보다 우리들 가까이에 있다. 스마트폰을 이용해 현실에 있는 정보를 정리해서 보여주는 것은 어떨지 고민해 보았다면, 메타버스와 관련된 서비스를 생각해본 것이다.

■ 증강현실(Augmented Reality)

스마트폰의 카메라 기능을 켜고 현실세계 어딘가를 비춰보자. 이때 현실세계의 모습 일부 또는 전부에 실제로는 존재하지 않는 정보를 덧씌운다면, 바로 그것이 증강현실 기술이다. 이때 덧씌우는 정보의 종류는 문자만 해당되지는 않는다. 이미지도 포함된다. 우리들이 사진 및 영상을 찍을 때 현실세계의 환경에 맞추어 특수 효과를 자연스럽게 덧씌우는 기능은 대부분 증강현실 기술이라고 볼 수 있다.

이런 증강현실 기술을 통해서 또 하나의 세계를 구축한다면, 그것이 증강현실 메타버스다. 이런 메타버스에는 대표적인 서비스가 있다.

바로 '포켓몬고(Pokemon GO)'다. 머리에 무언가를 쓰거나, 컴퓨터 화면을 통해서 즐길 수 있는 게임과는 조금 다르다.

스마트폰에 실제로는 없는 몬스터가 표시된다.

이 게임은 실제 지도와 현실에서의 위치를 기반으로 특정 위치에 포획할 수 있는 '포켓몬'이라는 가상의 동물이 등장한다. 해당 위치 가까이에서 스마트폰 화면에 포켓몬이 표시되면 포획할 수 있고, 함께 다른 포켓몬과 싸울 준비가 된다. 또한 포획할 때 필요한 아이템이나 부수적인 효과가 있는 아이템들을 얻는다. 이때 아이템을 얻는 방법 역시 실제로 특정 위치에 존재하는 가상의 구조물, '포켓스톱(Pokestop)'과 상호작용을 해야만 한다.

중요한 점은 그 위치에 게임 제작사 측에서 실제로 어떤 건물을 세워놓았거나, 가상의 동물을 배치해 놓은 것이 아니라는 점이다. 스마트폰을 통해서 가상의 구조물과, 동물을 특정 위치에서 발견하고 볼 수 있다. 현실세계의 위치에 스마트폰을 통해 추가적인 정보를 덧씌운 것이다.

사람들은 그 세계에서 함께 새롭고 강력한 가상의 동물을 함께 사냥해 포획하고, 교환하며 겨루기도 한다. 단순히 덧씌워진 정보를 보는 것에서 그치지 않고, 그 안에서 많은 사람들과 색다른 세계를 향유하며 사는 것이다. 이것이 대표적인 증강현실 메타버스다.

■ 라이프 로깅(Life Logging)

라이프 로깅은 단순하게 생각해도 좋다. 라이프(Life)는 생활, 로깅(Logging)은 기록한다는 뜻이다. 소셜 네트워크 서비스(Social Network Service, 이하 SNS)라 불리는 서비스들이 바로 라이프 로깅 서비스다. 사람들은 자신의 일상을 글, 사진, 영상으로 담아 SNS에 올린다. 다른 사람들이 볼 수도 있고, 볼 수 있도록 내가 허락한 사람들만 함께 할 수도 있다.

건강 및 운동 애플리케이션을 통한 '라이프 로깅'도 가능하다.

뿐만 아니라 운동 애플리케이션에서 달리기 운동을 통해 이동한 거리와 심박수, 위치를 기록해 주는 것도 역시 라이프 로깅 서비스에 속한다. 이렇게 사람들이 직접 생활 속 정보를 기록하고, 그 정보들이 모여 하나의 세계를 구축한 것이 메타버스가 되기도 한다. 정보를 기록한다는 것은 어렵지 않게 받아들여지지만, 그 기록이 메타버스를 만든다는 말은 와 닿지 않을 수 있다.

잠시 다른 측면에서 이야기를 해보자. 사람들이 SNS에 올리는 정보들을 통해서 그 사람을 온전히 보고 있다고 할 수 있을까?

어떤 사람을 오롯이 본다는 것은 실제 세계에서 그 사람을 보고, 대화하고, 함께 하는 것을 말한다. 달리 말해서 SNS에 공개된 정보는 그 사람의 일부 정보이거나, 색다른 면모가 담긴 정보일 수 있다. 만약 SNS 계정이 있는 사람이라면, 당장 나의 SNS는 어떨까? 그곳에는 100% 나의 모습과 정보가 담겨있을까? 그렇지 않을 것이다.

하지만 우리는 SNS 상에서 보는 사람과도 소통하고 이해하며, 그 사람을 본다고 한다. 왜냐하면 완전히 다른 사람과 소통하는 것은 아니기 때문이다. 그곳에서는 서로를 조금 다른 모습과 성격으로 알고 있을 수도 있다. 그럼에도 불구하고 그 사람과 대화하고 정보를 나누며 물건을 구매하는 등의 여러 생활이 가능하다고 인식한다. 오롯이 현실세계와 같은 모습으로 만나는 곳은 아니지만, 실제 사람에 대해 정보를 기반으로 만들어진 또 다른 세계다. 그래서 라이프 로깅도 메타버스가 될 수 있다.

■ 혼재하는 메타버스

메타버스의 이런 분류는 완벽히 정의된 것이 아닌 만큼, 반대로 혼재되어 구축된 메타버스도 생각해볼 수 있다.

맛집 위치가 실제 지도상에 표현되는 서비스를 생각해보자. 스마트폰을 통해 그곳에 방문할 수도 있고 미리 매장 환경을 둘러볼 수도 있으며, 배달과 포장 주문도 가능하다. 이것은 거울세계 메타버스다. 그런데 이 서비스에는 많은 고객들의 맛집 리뷰가 달려있다. 이 리뷰는 매장에 추가되는 정보다. 매장 입구에서 작성하도록 만든 방명록처럼 현실에서 볼 수 있는 정보가 아니다. 즉, 리뷰가 현실에 추가적으로 표시됨으로써 증강현실 요소도 갖는다고 볼 수 있다.

■ 메타버스인 것과 아닌 것

'증강현실과 가상현실, 또는 컴퓨터 게임은 항상 메타버스다'라고 한다면 맞는 말까?

시험지에서 문제를 풀 때 '항상, 무조건' 같은 말이 들어가면 답이 아니라고 생각된다. 이 경우도 그렇다. 해당 기술이 사용되었거나 관련 콘텐츠라고 해서 항상 메타버스라고 할 수 없다.

앞서 우리는 증강현실, 가상현실 기술에 대한 이야기를 했다. 읽는 중에 기술로써 언급할 때와 메타버스의 분류로써 이야기할 때 묘한 차이를 느꼈을 수 있다. 그것은 무엇일까? 힌트는 메타버스의 '버스'는 유니버스를 가리킨다는 점이다.

우리들은 언제 다른 세상에 왔다고 느낄까? 다른 세상이란 말은, 내가 생활하는 현실세계와 같은 곳은 아니지만, 본래 생활하던 실제 세상처럼 내가 살아갈 수 있다는 말이 된다. 그래야 '다른 세상에 왔다'고 느낀다.

어떤 종류든지 그곳에서 세계를 살아가는 느낌을 줄 수 있는지가 중요하다.

반대로 현실세계에서 내가 생활하는 방법과 지나치게 큰 차이가 있고 관련도 없다면, 그건 세상이 아니라고 느낀다. '내가 속한 또 다른 세상이다' 만큼 중요하게 느끼지 못한다.

취미생활로 잠깐 즐기는 수준의 퍼즐 게임과 다르게 메타버스가 되려면 다음과 같은 포인트가 있다.

첫 번째 사회 활동이다. '인간은 사회적인 동물이다'[90]라고 한다. 나는 사람과 만나는 것을 좋아하지 않는다고 주장해도, 혼자가 편하다고 말해도 실제 세계의 사람들은 혼자 살고 있지 않다. 먹고 자고 하는 데 필요한 자원을 얻고 개인의 안전을 확보하는 데 혼자서는 힘들다. 구조적으로도 공동체를 이루는 것이 필요했다. 집단을 이루는 것은 생존에 필요한 요소가 되었고, 집단에서 소외되는 것은 위협이었다. 따라서 인간은 다른 인간과 어울리면서 어떠한 규모 또는 형태이든 집단 안에 있는 것을 확인하는 사회 활동이 안정감을 느끼는 데 필요한 일이 되었다.

달리 말해, 우리가 세계를 느끼려면 다른 이와의 만남과 소통이 가능한가가 적지 않은 역할을 하게 된다. 글, 음성, 그림, 영상 또는 메타버스 내 캐릭터의 동작으로라도 감정 표현을 주고받을 수 있으면 소통할 수 있는 환경이 된다. 물론 극단적으로는 다른 이와 마주치는 것이 가능한 것만으로도 만족할지 모른다.

두 번째로 경제 활동을 들어보자. 실제 세상과 최대한 비슷하게 만든 메타버스에 옷가게가 모인 쇼핑센터가 구축될 수 있다. 그 가게에 들러 옷을 살펴보고 실제 현금으로 구매할 수도 있다. 구매한 옷은 메타버스 속의 내 역할을 하는 캐릭터가 입을 수 있다.

또는 현실 옷가게와 연동되어 있을 수도 있다. 매장에 직접 방문하기 힘든 고객은 메타버스 속에서 옷가게를 방문하고 실제와 똑같이 배치된 옷들을 둘러보고 구매할 수 있다.

---

90 고대 그리스 철학자 아리스토텔레스의 말로 본래는 'Man is by nature a political(politikos) animal'로 단어를 사용한 것으로 알려져 있다. 그러나 그리스어를 라틴어로 옮기는 과정에서 '정치적인'보다 '사회적인' 의미로 사용된 것으로 해석되어 'Man is by nature a social animal'로 전해졌다.

여기서 구매한 옷은 현실의 나에게 배송되어 온다. 이 메타버스 속 옷가게는 실제 옷가게에 방문해서 다양한 옷을 둘러보는 경험을 일부 대체해 준다.

메타버스에서 옷을 판매한 판매자는 당연 현실에서도 가치가 있는 화폐를 얻는다. 즉, 메타버스에서 실제 유니버스처럼 경제 활동이 가능해지는 것이다. 그렇다면 기존에 게임을 전혀 하지 않던 사람이라도 누구나 '저 메타버스에서의 활동은 가치가 없어'라고 말하기 힘들어진다. '현실과 다를 바 없는 점'을 가지고 있기 때문이다. 그것도 자본주의 사회에서 중요한 돈과 관련해서 말이다.

환상적인 메타버스에서 즐기는 삶도 재밌을 것이다.

실제 세상이 아니기 때문에 재미를 줄 수 있는 메타버스도 있다. 현실에서 보기 어렵거나, 볼 수 없는 풍경을 제공하는 것이다. 또한 현실에서 할 수 없는 일을 가능하게 만들어줄 수도 있다. 흔히 초자연적 현상, 마법, 초능력이라고 부르는 것들을 가능하게 만들어 놓은 공간이 된다.

디지털 시대에 살아남는 IT 지식

이것들을 마치 현실에서 경험하듯 느끼게 해준다면, 그것만으로도 '보는 재미'를 충족시켜줄 수 있다. 기존의 가상현실, 게임 등에서도 충족시켜주는 부분이다.

그러나 단적으로는 이 활동을 통해서 실제 경제적인 이윤을 취할 수 있게 만든다면 그저 취미활동으로 치부할 수는 없게 된다. 현실에서는 존재할 수 없지만, 그 제작자의 마법 미술 작품을 보기 위해 그 작품이 구현된 메타버스, 또 다른 세계에 방문하는 사람들이 증가하는 것도 이상한 일은 아니게 되는 것이다.

정리하자면 현실에서 인간이 중요하게 여기는 것이 잘 구현되어 있는 서비스라면 메타버스로 느낄 가능성이 높다는 의미의 이야기다. 두 가지 예에서의 핵심은 그 세계를 함께 살아가는 사람 또는 실제 현실과 연계된 경제 활동의 존재인 것이고 말이다.

결과적으로 그곳에서 우리가 아는 '생활' 중 일부가 가능한지가 메타버스인지 아닌지의 핵심이 된다.

메타버스가 무엇인지 알았다면, 이제 상품과 서비스를 제공하는 공간을 현실세계에 국한 짓지 않을 수 있다. 상품과 서비스를 제공받는 소비자가 디지털 콘텐츠에 익숙한 사람들이라면, 그들을 당신의 메타버스에 초대할 수 있는 가능성도 열렸다. 메타버스에서의 사인회, 콘서트, 팬 미팅(Fan Meeting)과 같이 말이다. 선물로는 메타버스에서 사용할 수 있는 특별한 아이템(Item)을 줄 수도 있다.

05

나에 관한 정보

정보기술이 개개인에게 직접 영향을 미치는 부분에 대해서 다룬다. 돈, 일, 삶 모두 우리에게 영향을 미치는 것들이었지만, 여기서 언급되는 이야기는 보다 '나의 것'을 다루는 데 영향을 주는 정보기술 용어들이라 할 수 있다.

멀티팩터 인증(Multi-Factor Authentication)

비밀번호만으로는 부족하다.

내가 나라는 사실을 밝히는 방법의 강화는, 정보기술의 발전으로 등장한 다양한 서비스를 안심하고 이용할 수 있게 만들어주었다. 달리 말하면 충분한 보안등급을 인정받으려면 지나야 하는 최소한의 요구 절차가 늘어나기도 했다.

자세히 알아보기

2017년 블랙햇(Black Hat) 컨퍼런스에서 '해커가 가장 침투하기 힘들게 만드는 것은 무엇인가?'라는 질문에 대해서 설문조사를 했다. 멀티팩터 인증이 38%, 암호화 32%, 방화벽 9%, 백신 소프트웨어 8%, 기타 7%, 침입탐지 시스템 6%로 나타났다.

여기서 '암호화'는 정보를 직관적으로 이해할 수 없도록 알아볼 수 없게 만드는 과정을 말한다. 특정 규칙을 활용해야만 본래의 정보로 되돌릴 수 있도록 만든다. 큰 노력을 들인다면 암호화된 정보를 되돌릴 수 있겠지만, 그것 또한 비용이기 때문에 보안에 높은 효과를 발휘한다. 암호화가 왜 필요한지 이해하는 것은 그렇게 어렵지 않을 것이라 생각한다.

그런데 이 암호화보다 더 높은 수치로 표를 받은 멀티팩터 인증은 대체 무엇일까? 중요한 정보를 읽을 수 없게 만드는 것 이상으로 효과적인 방법이라는 것이 대체 무엇일까?

'멀티(Multi)'는 '여러 가지'로 볼 수 있고, '팩터(Factor)'는 요소다. '다요소'라고 번역하기도 하는데, 결과적으로 풀어서 보면 다양한 부문의 사실을 확인해서, 우리가 우리 자신임을 인증해주는 기술을 말한다. 중요한 점은 '서로 다른 수단'을 통한 인증으로 보안을 강화하는 방법이라는 점이다.

멀티팩터 인증에서 말하는 서로 다른 부문이란 다음 세 가지이다.

1. 지식(Knowledge)
2. 소유(Possession)
3. 속성(Inherence)

'지식'은 우리 머릿속에 있는 것을 말하는데, 그 사람에게 직접 이야기를 듣거나 그 사람이 그 지식을 작성한 것을 보지 않는 이상 알아내기 힘든 것들을 말한다. 대표적으로는 비밀번호가 이것이다. 4자리, 8자리, 12자리 또는 특수문자까지 섞은 것들 말이다. 취미, 부모님 성함, 별명 등 특정 질문에 대한 답변도 여기에 속한다. 결국 그 사람의 머릿속에서 얻어낼 수 있는 것을 활용하는 것이다.

'소유'는 그 사람이 소유하고 있는 스마트폰, OTP(One-Time Password[91]), 비밀번호 카드, 통장 및 서류상의 내용 등을 물어보는 것을 통해서 인증하는 것이다. 예를 들어 인증한 스마트폰을 가지고 있다면, 문자 메시지 내용을 통해 지금 그 물건을 소유한 자신임을 인증한다.

91 1회용 비밀번호

'속성'은 그 사람이 기본적으로 가지고 있는 속성을 말한다. 홍채, 지문, 얼굴 생김새 등 애초부터 가지고 있는 무언가를 인증하도록 만드는 것이 속성이다.

모두 기술발전으로 인해 활용 가능해진 정보이다. 스마트폰 화면 또는 특정 위치에 지문을 인식하든지, 카메라를 통해 얼굴 또는 눈의 홍채를 인증하는 것이 가능하게 됐다. 스마트폰 이전에는 지문, 안면 인식 등 '속성' 인증은 컴퓨터에 주변 기기를 연결해야만 가능했다.

스마트폰 성능과 정보기술의 발전으로 확인 가능해진 정보들이다.

멀티팩터 인증이 기능하는 예를 들어보자. '지식' 요소에 속하는 비밀번호만 물어보는 경우다. 컴퓨터나 스마트폰을 누를 때 또는 문(도어락)의 데이터를 빼앗는(탈취) 행위 하나만으로 보안을 뚫고 정보와 금전적인 자산을 빼앗길 수 있다.

여기에 다른 요소인 '소유' 속성도 확인하도록 추가해보자. 스마트폰을 현재 가지고 있는지 확인하는 것이다. 감이 오는가? 여러분들이 어딘가 로그인(Log-in)하거나, 돈을 옮기는 행위를 하려고 할 때 문자, 전화를 통해서 지금 당장 소유하고 있는 것으로 알려진 '기기'로 전달된 정보를 입력하라고 확인하는 절차를 진행한다.

'소유하고 있기로 한 그 물건을 지금 가지고 있는 당신이 맞습니까?'라고 묻는 절차다.

이와 같이 다른 기기로는 발생기, 보안카드가 있다. OTP 발생기는 정해진 규칙대로 1회용 비밀번호를 만들어내는 기기다. 지금 가지고 있는 발생기가 만들어낸 1회용 비밀번호를 확인한다면, 그 기기를 소유하고 있다고 확인할 수 있다는 논리다. 보안카드는 카드에 적힌 번호를 확인하는 것으로 똑같은 절차를 진행한다. 이것들 모두 당신이 소유하고 있기로 한 것을 갖고 있는 그 사람이 맞는지 묻는 것이다.

'지식'에 속하는 비밀번호를 빼앗겼더라도, 현재 소유하고 있는 물건의 '소유' 요소를 확인하기 때문에 둘을 동시에 잊고 잃어버린 것이 아니라면 중요한 정보, 내 자산을 빼앗길 확률을 현저히 낮출 수 있다.

금융권 등에서 로그인하면 2FA라는 글자를 볼 수 있는데, '2 Factor Authentication'의 약자로 두 가지 요소를 활용한 인증을 해달라는 것이다. 멀티팩터 인증 중에서 두 요소를 활용한다는 의미와 같다.

정보기술 발전으로 다양한 일을 온라인상에서 하게 되었기 때문에 보안의 중요성이 올랐다. 멀티팩터 인증을 통해 보다 믿을 수 있는 환경을 갖출수 있다. 그래서 과거에는 원격으로 믿을 수 없어서 하지 못했던 일들을 더 많이 할 수 있게 되었다. 반대로 말하면 중요한 정보를 포함한 서비스를 사용할수록 멀티팩터 인증은 필수적으로 해야 하는 것이 된다.

마이 데이터(My Data)

영향

우리가 만든 데이터는 우리의 데이터다.

기업 것인 줄 알았던 정보들이 사실은 개인들의 것이고, 개인들이 활용하기 편하게 만들어줘야 한다는 인식이 자라났다. 따라서 개인들은 자신의 권리를 찾기 시작했으며, 정보를 다루는 기업들은 그에 대응해야만 했다.

왜냐하면 금융서비스를 통해서 계좌이체, 결제하는 것, SNS에 올리는 사진과 영상, 글부터 CCTV와 블랙박스 속 모습과 움직임, 그리고 우리가 스마트폰을 터치하고 컴퓨터에서 클릭하는 하나까지 모두 내가 만드는 나의 정보로 볼 수 있기 때문이다.

자세히 알아보기

정보기술은 정보를 사용한다. 그런데 그 정보 중에는 나의 정보, 즉 마이 데이터(My Data)도 포함되어 있다.

당연히 나의 것으로 알고 있던 개인정보는 기본이고, 내가 활동하면서 만들어지는 활동 정보도 나의 정보다. 이전에는 후자의 경우 나의 정보라고 하기보다 기업이 보유하는 기업 소유의 정보로 봤다. 그러나 인식이 변화했다.

앞장에 다룬 '오픈뱅킹(Open-banking)'도 이와 같은 맥락이다. 금융 자산과 거래 내역은 나의 자산과 거래에 대한 정보이지 은행 고유의 정보라고 할 수 없다. 은행 고유의 정보는 해당 자산을 어떻게 보관 및 보호하고, 어떤 기술을 사용하고 있는지 같은 것들만 포함한다. 이렇듯 고객의 정보와 그 권리에 대한 이야기가 논의됨에 따라, 다른 서비스에서 고객이 나의 정보를 똑같이 사용하길 원한다면, 즉, 정보 이전에 동의한다고 밝힌다면 은행은 그 정보를 다른 서비스로 내어줘야 한다고 결정 내린 것이 '오픈뱅킹'의 시작이었다.

사회적 인식 변화가 정보기술의 이용 행태를 바꾸고, 기업과 개인 그리고 다시 사회에 영향을 준 경우였다. 이때 단순히 세계적으로 사람들의 생각이 변화한다고 해서 기업들이 변화에 따르는 것은 아니다. 강력한 영향을 미치는 변화가 있었기 때문인데, 바로 법/규정/지침 상의 변화다.

따라서 이런 종류의 변화를 알아보는 것도 궁극적으로 정보기술에 영향을, 그 정보기술의 변화는 다시 사회에 영향을 주기 때문에 중요하다. 그렇다면 마이 데이터 관련 인식에 직간접적으로 영향을 준 용어에 대해서도 알아보자.

▪ GDPR

유럽연합(EU, Europe United)에서 하나의 발표를 했다. 그리고 2016년 4월 이후 전세계적으로 인터넷에서 서비스 되는 많은 기업들이 난리가 났다. 요약하면 다음과 같다.

GDPR은 전세계적인 이슈였다.

'유럽연합 국민의 정보를 저장하고 이용하는 모든 기업들은 그 국민이 원하면 자신의 정보가 어떻게 사용되고 있는지 볼 수 있도록 만들고, 이용을 제한하거나 나아가서는 삭제할 수 있도록 만들어야 하고, 이를 전담 관리하는 사람을 두어야 한다.'[92]

이 책을 읽는 독자들은 타임머신이 발명된 것이 아니라면, 2018년 5월 이후에 있을 것이므로 일부 당연한 이야기처럼 느껴질 수 있는 내용이다. 하지만 2016년에는 아니었다. 예를 들어 우리가 글, 사진 및 영상을 SNS에 업로드했다고 하자. 그것을 서비스에 공유한 것은 나다. 그런데 나의 정보를 다른 사람들의 정보와 모아 기업에서 분석했다. 기업은 강아지 사진을 올리는 사람은 자전거가 포함된 영상을 자주 올린다는 결론을 얻는다. 그 결론을 다른 기업에게 판매하는 경우 분명 나의 정보를 활용해 기업은 돈을 번 것이다.

최소한 이런 업무를 위한 부서에서 활용되었다는 사실을 나는 알 수 있었을까? 기업은 이것을 고객에게 알려줘야 하는 사실이라고 생각했을까?

92 「GDPR의 이해와 기업이 반드시 알아야 할 사항」 ITWorld, 2017. 9. 28 참조

그럴 필요가 없다는 수준을 넘어서 불가능한 것이라고 생각했다. 기업 내에서 언제 어디서 고객의 정보가 사용되었는지 모두 파악하기는 어렵다.

따라서 유럽연합은 기존의 개인정보보호법을 업그레이드했다. 유럽연합 내 국민의 '일반 정보에 대한 보호 법(General Data Protection Regulation, GDPR)'을 2016년에 공개한 것이다. 이 법을 따르지 않는 기업은 유럽연합 내에서 서비스를 지속할 수 없다고 엄포를 놓았다. 쉽게 말해 우리들이 인터넷 환경에서 회원가입을 하거나, 직접 나의 정보를 업로드하며 사용하는 서비스는 사용자가 원할 때 언제든 그 정보가 어떻게 활용되는지에 대한 확인, 정보 수정 및 활용 제한, 삭제까지 용이하게 만들지 않으면 서비스는 지역 내에서 중단될 것이었다.

2018년 이후를 살고 있을 독자들이 경험하고 있듯이 거대 서비스를 전 세계적으로 제공하고 있는 기업들은 이에 대비했다. 유럽 전역에서도 여전히 서비스를 하고 있다.

더불어 여러분들도 GDPR이 적용된 후 변한 점을 유럽 국민이 아니어도 알 수 있다. 전세계적으로 서비스되는 유명 검색 플랫폼, 소셜 네트워크 서비스에 계정이 있다면 바로 확인 가능하다. 계정 정보 또는 설정을 확인해보면 당신의 정보가 활용되는 것을 확인하거나 제한하거나 보호하거나, 또는 삭제하는 절차가 잘 정리되어 있는 것을 볼 수 있기 때문이다. 이전에는 없었거나 불편하게 되어 있었다.

이처럼 GDPR은 정보기술 서비스와 관련해 큰 영향을 미쳤고, 마이 데이터 인식을 일반적인 것으로 만드는 데 공헌했다. 그 결과 오늘의 우리들에게 정보기술 환경 변화로 영향을 다시 미친 것을 볼 수 있다.

PSD2는 오픈뱅킹과 금융권 API가 자리잡는 데 큰 역할을 했다.

'오픈뱅킹'에 대한 이야기는 이 책 초반에 다뤘다. PSD2는 여기에 직접 영향을 준 지침이다. 어떻게 영향을 주었을까?

PSD2[93]는 상품 및 서비스를 구매할 때 돈을 지불하는 서비스에 대한 지침 'Payment Services Directive 2'의 약자로, 이것을 시대에 맞게 1에서 2로 업그레이드한 것이다. 이때 특징적으로 변한 것 중 마이 데이터에 대한 인식 변화와 관련된 부분 하나만 살펴보자.

은행이 가진 개인의 자산 정보는 개인이 원하면 다른 서비스에 언제든 제공할 수 있는 개인의 것으로 본 것이다. 은행의 사업 구조에 대한 것, 기술적인 정보, 보안 정보 등을 제외하고 개인의 금전거래, 자산에 관한 정보는 개인의 것이다. 그렇다면 개인이 원한다면 얼마든지 다른 은행, 다른 서비스에서도 은행이 저장하고 있는 이 정보를 활용할 수 있게 해줘야 한다.

이것을 가능하게 해준 것이 유럽에서는 PSD2였고, 이런 시대적 흐름이 전세계적으로 퍼지는 상황에서 한국도 영향을 받았다.

---

93 Payment Services Directive 2는 유럽은행감독청(EBA, European Banking Authority)에서 규정한 제도로, 유럽연합에서 2018년 1월 13일부터 시행되고 있다.

유럽연합을 필두로 많은 국가에서 제도를 시행하는 등 적극적으로 나서자 무시할 수 없는 흐름으로 인식되었다. 그 결과 여러분들은 여러 금융서비스에 퍼져 있는 정보를 한 곳에 모아서 볼 수도 있게 되었고, 그에 따라 새로운 형태의 자산 관리 서비스를 사용하게 되었다.

정보기술의 발달만이 아니라, 그와 관련된 국가 차원의 움직임 결과가 현재 우리들에게 영향을 주었다. 그러니 세계적으로 언급되는 법/규정/지침 이슈는 관심을 두면 미래를 보는 데 도움이 되는 것을 알 수 있다.

■ 마이 데이터 사업

누구나 아는 개인정보 말고도, 여러분들이 활동하면서 제공한 정보도 여러분들의 것이란 인식이 강해졌을 것이다. '내가 쌓아놓은 정보로 기업만 돈을 벌고 있었네?'라는 생각에 괘씸하다는 생각까지 들 수 있다. 마이 데이터에 대한 인식이 강해진 것이다.

내가 생산한 나와 관련된 정보는 나의 것이라는 것, 이것이 2016년에서 2018년의 GDPR과 PSD2로 대표되는 세상의 흐름이다. 나아가 당신의 정보를 당신이 다루도록 해주거나, 정리해서 보기 편하게 만들어주는 사업이 등장하기 시작하는데, 이것이 '마이 데이터 사업[94]'이다.

예를 들어, 애초에 내 정보를 이용하도록 허락하면서 대가로 돈을 받는 것은 어떨까? 아니면 최소한 해당 서비스를 사용하는 데 유료 결제가 필요하다면, 할인을 받는 것은 또 어떨까?

이곳 저곳 서비스에 퍼져 있는 나의 정보를 찾아서 한데 모아주고 보기 편하게 만들거나, 잘 관리할 수 있도록 만들어주는 서비스를 만들어 이용료를 받는 것도 유망하다.

---

94 '마이 데이터(본인 정보 활용 지원) 사업은 정보 주체 중심의 안전한 개인데이터 활용 체계 확립을 위하여 개인데이터 제공 확대, 서비스 다양화, 인식제고 등을 체계적으로 지원하는 혁신성장형 사업' 한국데이터산업진흥원, 마이 데이터(본인 정보 활용 지원) 설명 中

금융 분야에서 이것에 해당하는 사업 모델을 가진 서비스가 '오픈뱅킹' 서비스다. 당연히 금융 외 분야에서도 많은 정보가 산재해 있는 구조라면 해볼 만하게 된다. 예를 들면 유통, 에너지, 교육, 의료 등[95]이 있다.

살펴본 것처럼 내가 만든 정보는 나의 것이지 기업이 마음대로 사용해도 되는 것이 아니라는 부분이 명확해질수록 이런 사업 모델의 가능성은 올라간다. 또한 현실적인 부분으로 알아야 되는 부분은 다음과 같다.

정보 주다가 고객도 준다? / 좋아, 같은 정보를 쓴다면
그럼 우리도 정보 쓰고 고객도 받자! / 서비스 질을 높여서 승부해보자!

'오픈뱅킹'에서 벌어졌던 일, 기억나는가?

개인 데이터의 이동이 쉬워진다는 뜻은, 어떤 서비스에 가입했다고 무조건 그 서비스에서만 자신의 정보를 보고 관리할 수 있었던 세상이 끝났다는 뜻이다. 소비자들이 다른 서비스로 이주하기가 쉬워진다. 반대로 다른 서비스에서 우리 서비스로 소비자를 데려오기 위해서, 다른 곳의 정보까지 모아서 모든 정보를 보기 편하게 만들어줘야 한다는 말이 된다. 일명 '고객 쟁탈전'에 필요한 준비가 정보기술 측면에서도 추가된 셈이다. 마이 데이터 사업은 어쩌면 큰돈을 벌기 위한 사업으로써 만이 아니라, 기업이 산업 내에서 고객을 확보하고 유지하는 과정에서 필수적인 부문일 수도 있다.

95 「금융에서 유통·의료까지 '내 정보' 한눈에…막 열리는 마이 데이터 시대」 한국경제, 2021. 5. 6

디지털 시대에 살아남는 IT 지식

탈중앙화 신원증명(Decentralized Identity)

영향

각종 인증서도 스마트폰에서 제시하고 인정받을 수 있다.

어떤 사실을 증명하는 문서가 더이상 물리적으로만 발행될 필요가 없다. 지갑 또는 안주머니에 신분증을 따로 챙길 필요없이 스마트폰에 담을 수도 있고, 자격증을 제출할 필요가 있을 때 매번 자격증명서를 발급받을 필요가 없을 수 있다. 증명서의 사용 편의성은 증가하고 분실 위험은 줄어드는 것이다.

반대로, 상대가 제시한 증명서를 확인해야 하는 입장에서는 제시된 증명서의 진위여부에 문제가 없는지 확인해야 하는데, 정보기술을 이용해 이를 안심하고 확인할 수 있도록 해준다.

따라서 무언가를 증명하며 살 수밖에 없는 우리들 입장에서는 일상의 변화에 영향을 줄 수 있는 용어라 할 수 있다.

탈중앙화 신원증명(Decentralized Identity, 이하 DID)은 결과적으로 스마트폰과 같은 휴대기기에 신분증 및 자격증을 담으면서도, 파일 복사 같은 것으로 믿을 수 없는 증명서가 돌아다닐 걱정이 없게 만드는 기술이다.

우선 기존 신원증명 방식에 대해 이야기해보자. 신분증과 자격증 아무 것이나 떠올리면 된다. 기존 신분증 또는 자격증은 잃어버리면 새로 발급받아야 한다. 경우에 따라서는 비용을 지불해야 할 때도 있다. 그냥 종이가 아니기 때문이다.

대표적인 신원증명 수단인 운전면허증

발행하는 곳의 도장이 찍혀 있거나, 사람은 의미를 알 수 없는 선, 점, 그림이 추가되어 있다. 빛에 비춰보면 반짝이는 것도 있고 그렇지 않은 것도 있다. 그리고 일련번호 또는 바코드가 있고, 해당 일련번호 또는 바코드를 통해 발행된 적이 있는지 발행처에 확인하는 것도 가능하다. 이런 여러 가지 위/변조 방지 장치를 이용한 문서로써 발행되는게 일반적인 증명서다. 당장 주민등록증, 운전면허증 또는 학생증을 꺼내 보면 알 수 있다.

문제는 두 가지다. 첫째로 분실 위험과 관리편의성이 떨어진다. 각 증서를 별도로 휴대하고 있어야 하기 때문이다. 둘째로 위/변조된 증명서에 대해서 즉각적으로 확인하기는 힘들다. 공공기관이나 일정 수준 이상의 기업에서는 제시된 증명서가 문제가 없는 것인지 확인하는 절차를 마련한다.

그렇지 않은 경우 시각적으로 문제가 없어 보이면 위/변조된 문서도 통과될 가능성이 있다. 예를 들어 신분증을 제시했는데 사진을 변조 했다거나, 대강 확인해서 잘못 알아본 경우다. 이런 일이 벌어지는 이유는 '제대로 확인하는 절차'는 보통 복잡하기 때문이다.

DID는 이런 문제를 해결해준다. 그럼 어떻게 이것을 가능하게 만들까? 혹시 이 책의 '블록체인' 주제를 넘기고 바로 넘어왔다면 반드시 읽고 오기를 바란다.

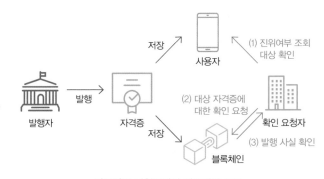

탈중앙화 신원증명의 기초적인 구조

우선 자신의 자격증을 스마트폰에 저장하려는 사용자가 있다. 사용자는 관련 애플리케이션을 기기에 설치하고 자격증을 저장하려 한다. 자격증을 발행해주는 발행자는 사용자의 신분을 검증한 다음 자격증을 발행한다. 이 때 발행하는 자격증에 특수한 값이 포함된다. 그리고 자격증과 그 발행 사실은 별도의 블록체인에 저장된다. 이후 사용자의 스마트폰에 자격증의 저장은 끝난다. 사용자의 스마트폰을 통해서도 자격증이 있다는 사실을 육안으로 확인할 수는 있게 된다. 자격증 이미지가 저장되어 있는 것과 같다.

그럼 사용자가 자격증을 확인하고자 하는 다른 사람에게 제시한다고 해 보자. 확인을 원하는 사람은 그냥 눈으로 보는 것이 아니라, (1) 확인 가능한 애플리케이션 또는 프로그램을 사용해 (2) 사용자의 자격증 검증을 시도한다. (3) 스마트폰 내의 파일을 확인하는 것이 아니라, 블록체인을 통해 스마트폰에 있는 자격증의 실제 소유자, 상태, 그리고 이 스마트폰에 있는 것이 맞는지 확인한다. 자격증 내의 특수한 값을 블록체인에 확인하는 것이다. 따라서 스마트폰 속 정보를 위조하든 말든 상관없이 블록체인에 저장된 내용을 확인해 믿을 수 있게 된다.[96] 만약 위조했다면 해당 정보는 폐기되고, 본래의 정보만을 확인하게 될 것이다. 블록체인 내의 51%을 위/변조하지 않는 한 말이다.

블록체인 관련 주제 중에서는 가장 나중에 다루게 되었지만, 사실 이름 있는 기업 또는 공적으로 활용된 블록체인 기술 중에서는 가장 빨리 눈에 띄었던 기술[97]이라고 할 수 있다. 바로 실제 사용 예를 들어보자.

코로나 바이러스(COVID-19)로 인해 일상에서 빠르게 만나볼 수 있게 되었는데, 한국 질병관리청에서 내놓은 블록체인 기반 백신(Vaccine) 접종 사실 확인이 가능한 애플리케이션 덕분이었다.

2021년 백신 접종이 일부 시작되고 종이로 된 백신 증명서를 가지고 있는 경우 활동에 제약을 받지 않도록 배려한다는 정책이 세계 곳곳에서 회자되었다. 예를 들어 증명서를 가지고 있는 경우 특정 상품에서 할인을 받거나, 여행이 가능하는 등의 이점이었다.

그러나 금세 벽에 부딪혔다. 위조 백신 접종 증명서가 활개를 치기 시작한 것[98]이었다. 접종 증명서가 공공기관이나 경찰에게 제출해야 하는 것이 아니라 일상 속에서 상대가 확인을 원할 때 잠시 확인시켜주는 용도이다 보니, 겁 없이 위조해 사용하는 경우가 많은 것이었다.

---

96 「포스트 코로나 시대를 위한 DID 기반 모바일 신분증의 필요성」 한국인터넷진흥원(KISA), 2020, vol.10 참조
97 「네이버-카카오도 DID 서비스 경쟁 확산」 파이낸셜뉴스, 2021. 5. 26
98 「판매처만 1200곳…전 세계서 판치는 '가짜 백신 접종증명서'」 매일경제, 2021. 5 30

이스라엘에서는 2021년 3월까지 약 1,200여의 가짜 증명서 판매상이 있는 것으로 조사했고, 영국에서는 매일 100건 이상 가짜 증명서 적발되었다. 그리고 가짜 증명서가 판매되는 모바일 메신저의 한 채널에서는 약 1,000여 명이 모여 있는 것을 확인하는 등 각종 보도가 잇따랐다. 미국도 '연방질병통제예방센터(CDC)'에서 종이 백신 접종증명서를 발급했는데, 이것도 역시 그대로 이용되기 보다는 추가적인 보완이 필요하다는 이야기가 나왔다.[99] 누구나 입맛대로 작성해 사용할 수 있는 빈칸으로 된 백신 접종증명서가 버젓이 판매되는 것으로 확인됐었기 때문이다.

그 결과 한국에서는 종이 증명서를 내놓기 보다는 블록체인을 이용한 신분증명 방식을 백신 증명서 시스템에 도입하게 된다.

본인인증과 예방접종 증명서를 DID 방식으로 관리하는 애플리케이션

이 애플리케이션은 필자도 백신 접종 후 확인을 위해 설치 및 이용하며 직접 촬영했다. 애플리케이션은 이용하는 당사자에 대한 본인인증을 한 다음, 접종 이력이 저장되어 있는 분산화 데이터베이스-블록체인에 요청해 당사자의 백신 접종 이력을 불러온다.[100]

---

99 「백신 넘쳐도 '맞기 싫어'…美 '종이 접종증명서' 위조 급증」, 중앙일보, 2021. 4
100 'Coov'는 동명의 홈페이지(https://coov.kr)에서 확인할 수 있다. 해당 애플리케이션은 코로나19 백신 접종 이력뿐 아니라 향후 다양한 이력 관리 및 신원증명 관련 서비스를 확장할 것이라 밝혔다.

만약 타인이 나의 접종이력을 확인하고 싶으면 단순히 눈으로 위 증서를 보고 접종 사실을 확인하는 것은 아니다. 내가 타인에게 접종이력을 증명하기 위한 화면으로 전환하면, QR코드가 생성된다. 타인은 '다른 사람 이력 확인하기' 같은 해당 애플리케이션의 기능을 이용해 내 QR코드를 촬영한다. 그럼 내 스마트폰에 접종이력이 어떻게 보이는 지와 관계 없이, 타인은 QR코드를 통해 블록체인에 저장된 나의 접종이력을 조회하게 된다. 즉, 블록체인에 있는 나의 접종이력을 위/변조하지 않는 이상 타인은 나라는 사람이 접종을 했는지 안 했는지를 확인하고 믿을 수 있다.

결론적으로 DID는 스마트폰에 증명서가 저장되지만, 정보를 확인할 때는 실시간으로 블록체인에 어떤 정보가 저장되어 있는지 확인해주는 방식으로 신뢰를 주게 된다.

이를 통해 우리는 무언가를 증명하기 위해 들고 다니거나 발행받아야 했던 문서들을 보다 간편하게 발행받을 수 있다. 나아가 생각해보면 신분을 증명해주는 기기의 보안은 더욱 중요하게 되었다.

맺으며

　지금까지 다양한 정보기술 용어들을 함께 살펴보았다. 오늘날 필수적인 두 가지 능력을 위해서 개념을 이해하면 좋을 용어들로 추려서 준비했다. 이 책의 처음에 언급한 두 가지 능력에는 도움이 되었을까?

　첫째로, 정보가 우리 주위를 어떻게 흐르고 있는지 이해하는 능력을 위했다고 했다. 필자는 스마트 시티, 디지털 전환, 블록체인, 클라우드 컴퓨팅, 메타버스 등을 통해 정보가 흐르는 양상의 변화를 알 수 있었다. 정보가 과거보다 큰 단위에서 고품질로 오가고 있었다. 또한 많은 지점에서 정보가 사용되었다. 정보의 질(양, 속도, 안정성)이 높아지니 개인 단위에서도 확장현실과 메타버스에 접근하는 것이 가능해진 것과 같다. 도시 단위의 유기적 연결 시도는 말할 것도 없다.

　스마트 시티와 디지털 전환에서는 점과 점이 유기적으로 연결되는데, 그 점이 과거보다 훨씬 큰 크기인 것이 특징이다. 큰 점을 들여다보면 그 안에 무수히 많은 점(부서, 개인)들이 있는 형태다. 그리고 큰 점과 작은 점 모두 이전보다 높아진 성능의 컴퓨팅이 이루어져, 단순히 서비스를 제공하는 것만이 아니라 서비스 제공 중에 발생하는 정보까지도 분석해서 그 결론을 다시 서비스 품질 상승을 위해 즉각 적용하는 것이 가능하다. 클라우드/포그/엣지 컴퓨팅은 이것들을 각자의 위치에서 보조한다. 정보의 높은 질을 이용해 시시때때로 머신러닝을 접목하는 것도 가능하게 되었다.

　정보는 과거보다 대량으로, 그리고 각 지점에서 더 많이 사용되며 흐르고 있다. 그래서 점차 더 많은 사람들이 정보기술의 영향 아래 있게 되었다. 고화질 영상처럼, 좋은 품질의 정보가 이용되기 때문에 정보기술을 활용하는 기업과 그렇지 않은 기업의 정보 활용 격차는 더욱 커지는 양상이다.

둘째로, 정보를 잘 다루는 능력을 위했다고 했다. 디지털 전환, 오픈뱅킹, 오픈 API, 데이터 분석, 머신러닝, 멀티팩터 인증 등을 보며 필자가 그것을 곧 전문가 수준으로 다루게 되었다는 뜻은 아니다. 이런 용어들을 설명할 때 정보를 실제 업무상 어떻게 다루는지 중점적으로 썼는데, 그곳에는 정보를 다루는 아이디어 또는 콘셉트(Concept)가 있었기 때문이다. 그것조차 학습 초기에 필자에게 실무적인 도움이 되었다.

정보가 없다면 공유받고(오픈뱅킹 & 오픈페이), 업무가 복잡하면 정형화하고(오픈 API), 복잡한 분석이 필요하면 준비 절차를 갖고(데이터 분석), 정확해서 문제라면 부정확하게 만들고 인간의 강점을 적용하고(머신러닝 & 딥러닝), 정보가 신뢰가지 않는다면 다른 루트로 동일 정보를 재확인(멀티팩터 인증)하는 등이다. 클라우드/포그 컴퓨팅은 성능이 모자라다면 각 위치에서 성능을 빌려주거나 대신 업무를 처리해주는 개념을 알려주기도 했다.

정보기술 용어를 이해하면서 얻은 이런 아이디어와 콘셉트들은, 유사하거나 같은 상황에서 문제에 맞닥뜨렸을 때 번뜩일 수 있었다. 지금 당장 컴퓨터 성능이 모자랄 때, 정보를 다루는 업무 절차를 정립해야 할 때, 업무 자동화를 처음 시도하려 할 때, 어딘가 있을 것 같은 정보를 구하려 할 때 등 말이다. 단적으로 더 알아보기 위해 어떤 검색어를 입력해야 하는지 아는 것과 모르는 것은 인터넷 시대에 큰 차이를 만들었다.

최종적으로 이런 용어에 대해서 한 번이라도 접근하고 읽어본 경험은, 앞으로 등장할 새로운 정보기술 용어에도 주눅들지 않고 다가가게 만들어준다. 이것은 앞선 두 능력을 극대화하는 가장 핵심적인 세 번째 능력이 된다. 물론 필자 본인의 경험 이야기다. 이 책을 쓰기 시작했을 때는 알지 못했던 기술을 적용해, 웹서비스 환경을 업그레이드하고 있으니 말이다.

이 책을 쓰며, 가장 글이 써지지 않던 부분이 '맺으며' 부분이다. 왜 그럴지 잠시 생각했는데 답은 단순했다.

모든 사람들이 조금이라도 알았으면 하는 정보기술 용어는, 앞서도 말한 것처럼 끝맺어지지 않고 계속 나올 것이었다. 그리고 정보기술과 관련한 큰 영향을 미치는 사건/사고도 계속해서 나타날 것이었다. 맺어지지가 않는 것이다. 그래도 책의 지면에는 현실적 한계가 있으니 끝은 맺어야 하지만, 정보기술 용어에 대해 관심이 조금이라도 생겼거나 커지고 있다면 그 관심은 끝맺지 않기를 바란다.

　계속 도움이 될 것이다.